Die leckersten

KÄSEKUCHEN

Für jeden Anlass und jeden Geschmack

Patrik Jaros

Die leckersten

KÄSEKUCHEN

Für jeden Anlass und jeden Geschmack

Parragon

Bath • New York • Singapore • Hong Kong • Cologne • Delhi
Melbourne • Amsterdam • Johannesburg • Auckland • Shenzhen

IMPRESSUM

Queen Street House
4 Queen Street
Bath BA1 1 HE, UK
www.parragon.com

ISBN: 978-1-4454- 6791-7
Printed in China

Konzeption: Patrik Jaros
Rezepte und Foodstyling: Patrik Jaros / www.food-experts-group.com
Fotografie: Patrik Jaros / www.food-experts-group.com
Assistenz Küche: Holger Maas, Eva Peter, Claudia Wörner
Design: Joachim Zeh / www.gottamakesense.com
Lektorat & Text: Kira Crome

Anmerkung für den Leser:
Ein Teelöffel entspricht 5 ml, ein Esslöffel 15 ml. Soweit nicht anderes angegeben, wird Vollmilch und Mehl Type 405 verwendet. Die Eier sind von mittlerer Größe und immer aus Freilandhaltung. Für die abgeriebene Schale von Orangen und Zitronen, die häufig zum Aromatisieren verwendet wird, sollten immer unbehandelte Früchte verwendet werden. Kinder, ältere Menschen, Schwangere, Kranke oder in Rekonvaleszenz befindliche Personen sollten auf Rezepte mit rohen oder leicht gegarten Eiern verzichten. Alle Rezepte in diesem Buch wurden mit größtmöglicher Sorgfalt und Liebe gebacken, verkostet und überprüft. Einen Kuchen von 22 cm – 24 cm Durchmesser in 8 Stücke und einen von 26 cm – 28 cm in 12 Stücke teilen.

Inhalt

6 Käsekuchenträume
8 Das kleine Käsekuchen-Einmaleins
10 Für jeden Teig die passende Form
12 Klassischer Käsekuchen
14 Quarkschnitte mit Erdbeeren
16 Mini-Topfenstrudel mit Äpfeln und Rosinen
18 Quark-Streuselkuchen mit Brombeeren
20 Schwäbischer Käsekuchen
22 Cheesecake mit Blaubeer-Topping
24 Mirabellen-Streuselkuchen mit Quarkboden
26 Schneller Käsekuchen
28 Quarksoufflé mit Cassis
30 Feigen-Ricotta-Torte
32 Gebackener Kaffee-Käsekuchen
34 Aprikosen-Schmandkuchen
36 Gebackener Käsekuchen mit versunkenen Kirschen
38 Käsekuchen mit Pflaumen
40 Weihnachtlicher Käsekuchen mit Apfelkompott und Zimt
42 New York Cheesecake
44 Russischer Käse-Zupfkuchen
46 Quarkkuchen mit Kaffee-Mousse und Sauerkirschen
48 Gebackener Grieß-Käsekuchen
50 Himbeercremetorte mit Frischkäsefüllung
52 Käsecremetorte mit Minze-Nektarinen
54 Birnenmoussetorte mit Joghurt
56 Geeiste Beeren-Käsesahnetörtchen
58 Bananen-Schoko-Quarkkuchen
60 Passionsfrucht-Frischkäsetorte
62 Quark-Blaubeercreme in Windbeuteln
64 Frischkäsetarte mit Beerenfrüchten
66 Stachelbeer-Schmandkuchen
68 Gedeckte Quark-Pistazienschnitte
70 Crème-fraîche-Vanilleschaum mit Passionsfruchtgelee
72 Schaumige Frischkäsetorte
74 Italienische Mandorle-Tarte mit weißer Schokolade
76 Käsesahnetorte mit Himbeeren
78 Rotwein-Birnen-Törtchen mit Vanille-Quarkmousse
80 Frischkäse-Müslicrunch-Torte
82 Käsetorte mit Baiser und Johannisbeeren
84 Aprikosen-Cheesecake
86 Mohn-Käsekuchen
88 Sauerkirschkäsetorte
90 Käsekuchen mit Äpfeln und Rosinen
92 Glossar

KÄSEKUCHEN-TRÄUME

von A wie Aprikosen-Cheesecake bis Z wie Zupfkuchen

Wer denkt nicht bei Käsekuchen an Omas Klassiker? Ob klassisch pur oder fruchtig aufgepeppt, ob mit oder ohne Boden – Käsekuchenrezepte werden in vielen Familien seit Generationen weitergegeben. Und sie sind heute noch so beliebt wie früher. Ob für Kaffeebesuch oder für Brunch-Buffet, ob als ausgefallenes Dessert oder als schnell gezauberter Lieblingskuchen – Käsekuchen sind aus dem Repertoire der Hobbybäcker gar nicht wegzudenken. Wenn Sie aber dachten, Käsekuchen ist gleich Käsekuchen, dann lassen Sie sich von der verführerischen Vielfalt der Käsekuchen-Varianten überraschen!

Schon in der Käsemasse, der der Käsekuchen seinen Namen verdankt, stecken unzählige Variationsideen: Sie kann nach amerikanischer Tradition mit Frischkäse zubereitet, nach italienischer Art mit Ricotta oder nach französischer Art mit Crème fraîche angerührt werden. Oder sie wird ganz klassisch deutsch aus Quark gemacht. Und dabei muss man sich auch noch zwischen Sahne-, Halbfett- und Magerquark entscheiden.

Wer es locker und cremiger liebt, hebt Eischnee unter die Käsemasse. Und wer es noch leichter und schaumiger mag, nimmt steif geschlagene Sahne dazu. Damit wird aus einem klassischen Käsekuchen ein wunderbarer Tortentraum.

Auch beim Teig für Käsekuchen gibt es vielfältige Varianten. Beliebt und klassisch ist der schlichte Mürbeteig. Ein raffiniert-lockerer Biskuitboden macht aus jedem Käsekuchen eine feine Torte. Die amerikanische Variante wird mit einem krümeligen Keksboden zubereitet. Wer es ausgefallen mag, probiert die Müslicrunch-Variante. Und wer es ganz puristisch liebt, backt den Käsekuchen sogar ganz ohne Teig – für schnörkellosen Käsekuchengenuss.

Schließlich sind auch beim Belag der Fantasie keine Grenzen gesetzt. Experimentieren Sie mit Streuseln, Rosinen, Beeren, Äpfeln oder fruchtigem Gelee, Nüssen oder Schokolade. Mit frischen Früchten der Saison oder einer exotischen Variante gelingen herrlich dekorative Käsetorten – von fruchtig-frisch bis festlich-fein.

Oder mögen Sie es raffiniert? Ob als Strudel-Variante, als Soufflé oder Eistörtchen – lassen Sie sich von unseren Backideen verführen. Denn aus einem Käsekuchen kann auch ganz einfach ein leckeres Dessert werden. Vom rustikalen Klassiker über schnelle oder fruchtige Varianten bis zu dekorativen Tortenträumen – probieren Sie sich durch das ganze Kuchenalphabet und entdecken Sie Ihren persönlichen Lieblingskäsekuchen.

1

2

3

4

DAS KLEINE KÄSEKUCHEN-EINMALEINS …

Quark (1) ist ein Frischkäse, der aus entrahmter Milch hergestellt wird. Es gibt ihn in unterschiedlichen Fettstufen – von Mager- bis Sahnequark. Je höher der Fettgehalt, desto cremiger und feiner ist er. **Frischkäse (2)** ist etwas fester als Quark. Er ist in allen Fettstufen erhältlich – mit Joghurt verfeinert oder auch besonders fettarm. Für die amerikanische Cheesecake-Variante wird der besonders sahnige und cremige Doppelrahm-Frischkäse verwendet. **Ricotta (3)** stammt aus Italien. Er wird oft nicht nur aus Kuh-, sondern auch aus Schafsmilch hergestellt und ist eine fettarme, besonders aromatische Frischkäse-Variante. **Crème fraîche (4)** und **Schmand (5)** sind Sauerrahm-Varianten, die aus Sahne hergestellt werden. Sie haben eine feine, säuerliche Geschmacksnote.

5

KLEINE TIPPS FÜR GUTES GELINGEN …

Eischnee macht den Käsekuchen besonders locker und cremig. Damit er luftig und volumenreich wird, sollte man beim Aufschlagen darauf achten, dass die Schüssel sauber und fettfrei ist. Auch dürfen im Eiweiß keine Spuren von Eigelb zu sehen sein. Eine Prise Salz macht den Eischnee noch fester.

Gelatine gibt der Käsemasse die nötige Stabilität. Für die Rezepte nur weiße Gelatineblätter verwenden. Beim Auflösen darauf achten, dass die Gelatine nicht zu stark erhitzt wird, sonst verliert sie ihre gelierende Wirkung.

Und gegen Ende der Backzeit eine **Garprobe** machen, denn jeder Ofen backt anders. Dafür mit einem Holzstäbchen in den Kuchen stechen; haftet noch etwas Teig daran, den Kuchen noch kurze Zeit weiterbacken.

FÜR JEDEN TEIG DIE PASSENDE FORM ...

Springformen sind aus dem Backzubehör gar nicht wegzudenken! Sie haben einen geraden, abnehmbaren Ring, der mit einem Spannhebel fest um das Bodenblech verschlossen wird: Der fertige Kuchen muss nicht gestürzt werden. Deshalb sind sie ideal für Käsekuchen, die aus einem Teigboden und einer Cremefüllung mit und ohne Belag bestehen. Springformen gibt es in verschiedenen Größen. Die gebräuchlichsten haben einen Durchmesser von 26 und 28 cm.

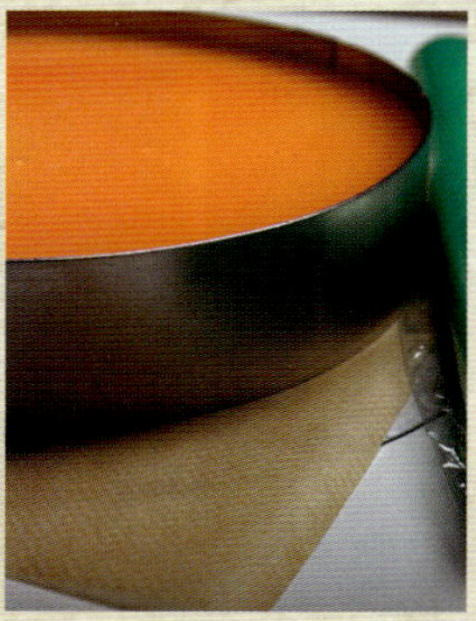

Tortenringe aus Edelstahl haben keinen Boden und sind etwas höher als Springformen. Sie werden zum Einsetzen von Torten verwendet, die aus mehrere Schichten bestehen. Sie sind in verschiedenen Größen, runden und eckigen Formen erhältlich. Besonders praktisch sind stufenlos verstellbare Tortenringe.

Französische **Tarte-** oder klassische **Obstkuchenformen** haben einen gewellten oder glatten, geraden oder schrägen Rand, der 3–5 cm hoch ist. Es gibt sie in verschiedenen Größen aus feuerfestem Porzellan oder aus Blech – mit und ohne Beschichtung. Unbeschichtete Formen am besten mit etwas **Butter einfetten** und mit Mehl bestäuben.

Klassischer Käsekuchen

DER KLASSIKER

Zutaten für 1 Springform (28 cm Ø)

Für den Teig:
200 g Mehl, plus etwas mehr zum Bestäuben
60 g Zucker
1 TL Vanillezucker
110 g Butter, plus etwas mehr zum Einfetten
1 Ei

Für den Belag:
5 Eier
220 g Zucker
800 Magerquark
60 g Speisestärke
Mark von 1 Vanillestange
300 g Sahne
abgeriebene Schale von 1 Zitrone
2 EL Zitronensaft

Puderzucker, zum Bestäuben

1. Für den Teig Mehl, Zucker, Vanillezucker und Butter in einer Schüssel vermengen. Das Ei zugeben und alles zu einem glatten Teig kneten. Anschließend den Teig in Frischhaltefolie wickeln und für 1 Stunde in den Kühlschrank legen.

2. Den Backofen auf 180 °C vorheizen.

3. Den Boden einer Springform mit Backpapier auslegen und den Rand der Form mit etwas Butter einfetten.

4. Den Teig auf einer bemehlten Arbeitsfläche etwa 5 mm dünn ausrollen. Die Form mit dem Teig auslegen und den Boden mit einer Gabel mehrmals einstechen. Im Backofen etwa 15 Minuten vorbacken.

5. Für den Belag die Eier trennen. Das Eiweiß in einer Schüssel mit dem Zucker steif schlagen. Quark, Speisestärke, Vanillemark, Eigelb, Sahne, Zitronenschale und Zitronensaft sorgfältig verrühren. Den Eischnee in zwei Portionen unter die Quarkmasse heben. Auf diese Weise wird der Käsekuchen später schön locker.

6. Die Quarkmasse auf dem vorgebackenen Boden verteilen und mit einer Winkelpalette glatt streichen. Den Käsekuchen im Backofen etwa 1 Stunde backen.

7. Den Kuchen herausnehmen und in der Backform auskühlen lassen. Dann erst aus der Form lösen und mit Puderzucker bestreuen.

Zubereitungszeit: 50 Minuten / Backzeit: 75 Minuten / Kühlzeit: 1 Stunde

Quarkschnitte mit Erdbeeren

Zutaten für 1 Springform (26 cm Ø) und einen Tortenring (26 cm Ø)

Für den Teig:
150 g Mehl, plus etwas mehr zum Bestäuben
1 TL Backpulver
3 Eier
150 g Zucker
Butter, zum Einfetten

Für die Creme:
6 Blatt Gelatine
2 Eigelb
160 g Zucker
250 ml Milch
abgeriebene Schale von 1/2 Zitrone
500 g Magerquark
Saft von 1/2 Zitrone
200 g Sahne
100 g Mandelblättchen
400 g Erdbeeren
1 Päckchen klarer Tortenguss

1. Den Backofen auf 180 °C vorheizen.

2. Für den Teig Mehl und Backpulver in einer Schüssel vermischen. Die Eier trennen und das Eiweiß in einer Küchenmaschine halb steif schlagen. Dabei nach und nach den Zucker einrieseln lassen. Das Eigelb unter das Eiweiß ziehen, die Mehlmischung unterheben und alles zu einem Teig verrühren.

3. Die Springform mit Butter einfetten und mit etwas Mehl bestäuben. Den Teig in die Form füllen, glatt streichen und im Backofen etwa 30 Minuten backen.

4. Den Teig in der Form 30 Minuten abkühlen lassen und auf ein Kuchengitter geben.

5. Für die Creme die Gelatine in kaltem Wasser 10 Minuten einweichen lassen. Das Eigelb mit der Hälfte des Zuckers schaumig rühren. Milch mit Zitronenschale und restlichem Zucker aufkochen. Die Gelatine leicht ausdrücken und in der heißen Milch auflösen. Die Milchmischung in die schaumige Eiermasse einrühren und unter Rühren abkühlen lassen.

6. Den Magerquark mit dem Zitronensaft verrühren und unter die Eiermasse rühren. Die Creme abkühlen und etwas fest werden lassen. Inzwischen die Sahne in einer Küchenmaschine steif schlagen und unter die Creme heben.

7. Den Tortenboden auf eine mit Backpapier ausgelegte Platte setzen und mit einem Tortenring umschließen. Die Creme in die Form füllen und gleichmäßig auf dem Boden mit einer Winkelpalette verstreichen. Im Kühlschrank etwa 1 Stunde fest werden lassen.

8. Inzwischen die Mandelblättchen auf einem Backblech verteilen und im Backofen bei 190 °C goldbraun rösten. Anschließend auskühlen lassen.

9. Die Erdbeeren waschen, von den Strünken befreien und in Scheiben schneiden. Den Tortenguss nach Packungsangabe herstellen. Die Erdbeerscheiben auf der Creme verteilen und mit dem Tortenguss übergießen. Den Kuchen noch einmal 30 Minuten im Kühlschrank fest werden lassen.

10. Den Tortenring entfernen. Vor dem Servieren die gerösteten Mandelblättchen an den Tortenrand drücken.

Zubereitungszeit: 1 Stunde / Backzeit: 30 Minuten / Kühlzeit: 90 Minuten

Mini-Topfenstrudel mit Äpfeln und Rosinen

WIE BEI GROSSMUTTER

Zutaten für 1 Backblech (30 cm x 40 cm), bzw. 6 kleine Strudel

Für den Teig:

150 g Mehl, plus etwas mehr zum Bestäuben
1 Prise Salz
1 Ei
100 ml lauwarmes Wasser
1/2 TL Essig
2 EL Pflanzenöl

Für die Füllung:

40 g Mandelstifte
30 g Rosinen
20 ml Rum
400 g Äpfel, Boskop
Saft von 1/2 Zitrone
100 g Zucker
1 Msp. Vanillezucker
1/4 TL Zimt
100 g Magerquark
50 g Sahne
2 Eigelb
40 g zerlassene Butter, zum Bestreichen
3 EL Semmelbrösel, zum Bestreuen
Puderzucker, zum Bestäuben

1. Für den Teig Mehl und Salz in einer Schüssel vermischen. Das Ei mit Wasser, Essig und Öl in einer Küchenmaschine verrühren. Nach und nach unter ständigem Rühren mit einem Knethaken die Mehlmischung einarbeiten. Den Teig etwa 15 Minuten kräftig kneten, bis er geschmeidig und glänzend ist.

2. Den Teig zu einer Kugel formen und auf einer bemehlten Arbeitsfläche nochmals kräftig durchkneten, bis die gesamte Luft entwichen ist. In Frischhaltefolie wickeln und an einem warmen Ort 30 Minuten ruhen lassen.

3. Für die Füllung die Mandelstifte unter ständigem Rühren in einer Pfanne goldbraun rösten und beiseitestellen. Die Rosinen in dem Rum einweichen. Die Äpfel schälen, vom Kerngehäuse befreien, halbieren und in dünne Scheiben schneiden. Mit dem Zitronensaft beträufeln. Mit Zucker, Vanillezucker, Zimt, den eingeweichten Rosinen und den gerösteten Mandeln vermengen. Quark, die Hälfte der Sahne und Eigelb in einer Schüssel verrühren. Die Apfelmischung unter die Creme rühren.

4. Den Backofen auf 200 °C vorheizen und ein Backblech mit Backpapier auslegen.

5. Für die Strudel den Teig in sechs gleich große Stücke schneiden. Jedes Stück auf einem bemehlten Küchentuch ausrollen und mit den Fingern vorsichtig so dünn wie möglich auseinanderziehen. Die Stücke sollten jeweils mindestens 25 cm x 20 cm groß werden.

6. Jedes Teigstück mit etwas zerlassener Butter bepinseln und mit Semmelbröseln bestreuen. Ein Sechstel der Füllung auf dem unteren Drittel eines Teigstückes verteilen. Die Seiten einschlagen und den Teig mithilfe des Küchentuchs von unten nach oben aufrollen. Jede Strudelrolle mit der Nahtseite nach unten auf das Backblech legen.

7. Die Strudel mit der übrigen Sahne bestreichen und im Backofen etwa 35 Minuten backen. Vor dem Servieren mit Puderzucker bestäuben.

Zubereitungszeit: 1 Stunde / Backzeit: 35 Minuten / Kühlzeit: 35 Minuten

Quark-Streuselkuchen mit Brombeeren

FRUCHTIG & FRISCH

Zutaten für 1 Springform (28 cm Ø)

Für die Streusel:
200 g Mehl
110 g Zucker
1 TL Vanillezucker
150 g Butter, plus etwas mehr zum Einfetten

Für die Füllung:
400 g frische Brombeeren
150 g Butter
120 g Zucker
2 Eier
Schale und Saft von 1 Orange
500 g Magerquark
1 Päckchen Vanille-Puddingpulver
Puderzucker, zum Bestreuen

1. Für den Teig Mehl, Zucker und Vanillezucker in einer Schüssel vermischen. Die Butter in Stücke schneiden und mit den Händen unter die Mehlmischung kneten, bis kleine Streusel entstehen. Eine Springform mit Butter einfetten. Zwei Drittel der Streusel in die Form füllen und gleichmäßig zu einem Boden fest drücken. Die übrigen Streusel beiseite stellen.

2. Den Backofen auf 180 °C vorheizen.

3. Für die Füllung die Brombeeren waschen, auf Küchenpapier abtropfen lassen und auf dem Teigboden verteilen.

4. Butter und Zucker in einer Küchenmaschine schaumig rühren. Die Eier nach und nach hinzufügen und weitere 5 Minuten rühren. Orangenschale und Orangensaft, Quark und Puddingpulver unterrühren. Die Quarkmasse mit einer Winkelpalette auf die Brombeeren streichen. Die restlichen Streusel als breiten Rand auf die Quarkmasse streuen.

5. Den Kuchen im Backofen etwa 45 Minuten backen. Etwas abkühlen lassen und aus der Form lösen. Vor dem Servieren mit Puderzucker bestäuben.

Zubereitungszeit: 45 Minuten / Backzeit: 45 Minuten

Schwäbischer Käsekuchen

Zutaten für 1 Springform (22 cm Ø)

Für den Teig:

250 g Mehl, plus etwas mehr zum Bestäuben

80 g Zucker

180 g Butter, plus etwas mehr zum Einfetten

1 TL Vanillezucker

Für die Creme:

5 Eier

1 kg Magerquark

60 g Speisestärke

250 g Zucker

2 TL Vanillezucker

abgeriebene Schale von 1 Zitrone

3 EL Zitronensaft

1 Prise Salz

200 g Sahne

Puderzucker, zum Bestäuben

1. Für den Teig alle Zutaten in einer Küchenmaschine langsam zu einem glatten Teig verrühren. Den Teig in Frischhaltefolie wickeln und 30 Minuten im Kühlschrank ruhen lassen.

2. Den Backofen auf 180 °C vorheizen.

3. Den Teig auf einer bemehlten Arbeitsfläche ausrollen, die Springform einfetten, mehlen und den Teig hineingeben. Den Teig an den Rändern andrücken und mit einer Gabel mehrmals einstechen. Im Backofen etwa 15 Minuten vorbacken und anschließend auskühlen lassen.

4. Für die Creme zuerst die Eier trennen. Eigelb mit Quark, Speisestärke, Zucker, Vanillezucker, Zitronenschale und Zitronensaft in einer Schüssel verrühren. Das Eiweiß mit dem Salz steif schlagen. Die Sahne ebenfalls steif schlagen und beides in je zwei Portionen unter die Creme heben. Die Quarkmasse auf dem vorgebackenen Kuchenboden verteilen und mit einer Winkelpalette glatt streichen.

5. Den Kuchen im Backofen etwa 50 Minuten backen. Vor dem Servieren auskühlen lassen und mit Puderzucker bestäuben.

Zubereitungszeit: 50 Minuten / Backzeit: 65 Minuten / Kühlzeit: 30 Minuten

Cheesecake mit Blaubeer-Topping

USA EVERGREEN

Zutaten für 1 Springform (22 cm Ø)

Für den Boden:

200 g Butterkekse
120 g Butter, plus etwas mehr zum Einfetten

Für die Füllung:

600 g Doppelrahm-Frischkäse
200 g Crème fraîche
80 g Zucker
1 TL Vanillezucker
30 g Speisestärke
3 Eier
100 g weiße Schokolade, fein gehackt

Für das Topping:

100 ml Holundersaft
50 g Zucker
1 EL Speisestärke
3 EL kaltes Wasser
400 g Blaubeeren

Puderzucker, zum Bestäuben

1. Für den Boden die Kekse in einen Gefrierbeutel geben, fest verschließen und mithilfe einer Teigrolle fein zerbröseln. Die Butter in einem Topf zerlassen und mit den Keksbröseln in einer Schüssel zu einer Teigmasse vermischen.

2. Den Backofen auf 160 °C vorheizen. Den Boden einer Springform mit Backpapier auslegen und den Rand der Form mit Butter einfetten.

3. Die Teigmasse in die Form füllen und mit einem Löffel fest drücken. Den Boden für mindestens 10 Minuten in den Kühlschrank stellen.

4. Für die Füllung Frischkäse, Crème fraîche, Zucker, Vanillezucker und Speisestärke in einer Schüssel mit einem Handrührgerät auf mittlerer Stufe zu einer geschmeidigen Masse verrühren. Die Eier nach und nach hinzufügen. Zuletzt die Schokolade ebenfalls einrühren.

5. Die Frischkäsemasse auf dem Teigboden verteilen und mit einer Winkelpalette glatt streichen. Den Kuchen im Backofen im unteren Drittel etwa 40 Minuten backen.

6. In der Zwischenzeit für das Topping den Holundersaft mit dem Zucker aufkochen. Die Speisestärke in dem Wasser anrühren und den Holundersaft damit abbinden. Danach die Blaubeeren untermischen und das Topping abkühlen lassen.

7. Den Kuchen in der Form vollständig auskühlen lassen und dann mit dem Blaubeer-Topping übergießen. Vorsichtig aus der Form lösen und vor dem Servieren mit Puderzucker bestäuben.

Zubereitungszeit: 75 Minuten / Backzeit: 40 Minuten / Kühlzeit: 10 Minuten

Mirabellen-Streuselkuchen mit Quarkboden

Zutaten für 1 Springform (28 cm Ø)

Für die Streusel:
200 g Mehl
2 TL Backpulver
50 g Mandelgrieß
70 g Zucker
1 TL Vanillezucker
125 g Butter, plus etwas mehr zum Einfetten
1 Eigelb
2 EL Semmelbrösel

Für den Quarkboden:
100 g Butter
150 g Zucker
500 g Magerquark
30 g Speisestärke
2 Eier
abgeriebene Schale von 1 Zitrone

Für den Belag:
500 g kleine Mirabellen
1 EL Zucker

1. Für die Streusel Mehl und Backpulver in einer Schüssel vermischen. Mandelgrieß, Zucker, Vanillezucker und Butter hinzufügen. Alles mit den Händen zu Streuseln verkneten. Das Eigelb hinzugeben und die Streusel nochmals durchkneten. Mit Frischhaltefolie abdecken und im Kühlschrank kalt stellen.

2. Den Backofen auf 180 °C vorheizen. Eine Springform mit Butter einfetten und mit den Semmelbröseln ausstreuen.

3. Für den Quarkboden Butter und Zucker in einer Schüssel schaumig rühren. Quark, Speisestärke, Eier und Zitronenschale unterrühren. Die Quarkcreme in die Form füllen und mit einer Winkelpalette glatt streichen.

4. Für den Belag die Mirabellen waschen und abtropfen lassen. Die Früchte halbieren und entsteinen. Die Mirabellenhälften auf dem Quarkboden verteilen und mit den kühl gestellten Teigstreuseln belegen. Mit dem Zucker bestreuen.

5. Den Kuchen im Backofen 1 Stunde backen. Herausnehmen und in der Form auskühlen lassen. Aus der Form lösen und auf einer Tortenplatte servieren.

TIPP:

Den Kuchen lauwarm mit frisch geschlagener Sahne oder Vanilleeiscreme servieren.

Zubereitungszeit: 40 Minuten / Backzeit: 1 Stunde

Schneller Käsekuchen

FIX & GUT

Zutaten für 1 Springform (26 cm Ø)

20 g zerlassene Butter, zum Einfetten
40 g Semmelbrösel, zum Ausstreuen
750 g Magerquark
100 g Sauerrahm
3 Eier
150 g Zucker
1 Päckchen Vanille-Puddingpulver
100 ml Sonnenblumenöl
100 ml Milch
Puderzucker, zum Bestäuben

1. Den Backofen auf 170 °C vorheizen.
2. Für die Füllung Quark, Sauerrahm, Eier, Zucker, Puddingpulver, Öl und Milch in einer Schüssel zu einer glatten, cremigen Masse verrühren.
3. Eine Springform mit der Butter einfetten und mit den Semmelbröseln ausstreuen.
4. Die Kuchenmasse in die Springform füllen und im Backofen etwa 65 Minuten backen.
5. Den Kuchen in der Form auskühlen lassen, aus der Springform nehmen und vorsichtig auf eine Kuchenplatte setzen. Vor dem Servieren mit Puderzucker bestäuben.

TIPP:
Auch wenn die Zubereitung selbst schnell geht – das Backen braucht doch seine Zeit. In der Zwischenzeit die Kaffeetafel hübsch decken und Kaffee kochen.

Zubereitungszeit: 25 Minuten / Backzeit: 65 Minuten

Quarksoufflé mit Cassis

FLUFFIG & SÜSS

Zutaten für 6 Auflaufförmchen (8 cm Ø)

Für die Quarkmasse:
20 g Butter
150 g Magerquark
50 g Sahne
20 g Zucker
4 Eigelb
80 g Schwarze Johannisbeeren

Für den Eischnee:
3 Eiweiß
1 Prise Salz
70 g Zucker
25 g Speisestärke

Für die Förmchen:
etwas Butter, zum Einfetten
etwas Zucker, zum Ausstreuen
1 große Auflaufform, für das Wasserbad

Puderzucker, zum Bestäuben

1. Die Ramequin-Formen mit Butter einfetten und mit Zucker ausstreuen. Im Kühlschrank kalt stellen.

2. Den Backofen auf 230 °C vorheizen. Eine große Auflaufform mit Backpapier auslegen, damit die Förmchen fest stehen und nicht im Wasserbad „tanzen".

3. Für die Quarkmasse die Butter in einem Topf zerlassen. Quark, Sahne, Zucker und Eigelb in einer Schüssel glatt rühren. Die zerlassene Butter unterrühren.

4. Die Johannisbeeren waschen, von den Rispen abzupfen und auf Küchenpapier trocknen lassen.

5. Für den Eischnee das Eiweiß mit Salz, Zucker und Speisestärke in einer Schüssel mit einem Handrührgerät zu einem cremigen Schnee schlagen. Vorsichtig zusammen mit den Johannisbeeren unter die Quarkmasse heben.

6. Die Auflaufform etwa 1 cm hoch mit heißem Wasser füllen. Die kalt gestellten Förmchen jeweils etwa drei viertel hoch mit der Quarkmasse füllen und in das Wasserbad stellen.

7. Die Auflaufform mit den Förmchen in den Backofen auf den Ofenboden stellen und etwa 20 Minuten backen.

8. Herausnehmen, die Soufflés sofort auf Servierteller stürzen und mit Puderzucker bestäuben.

Zubereitungszeit: 40 Minuten / Backzeit: 20 Minuten

Feigen-Ricotta-Torte

Zutaten für 1 Springform (22 cm Ø)

Für den Boden:
- 60 g Mehl
- 1 Msp. Backpulver
- 30 g Zucker
- 1 Prise Salz
- 30 g Butter, plus etwas mehr zum Einfetten
- 1 EL Sahne

Für die Feigen-Ricotta-Creme:
- 5 Blatt Gelatine
- 20 ml roter Portwein
- 250 g reife Feigen
- 150 g Ricotta
- 50 g Zucker
- 125 g Sahne

Zum Dekorieren:
- 250 g Sahne
- 1 Päckchen Sahnesteif
- 1 TL Vanillezucker

1. Für den Boden Mehl und Backpulver in einer Schüssel vermischen. Zucker, Salz, Butter und Sahne hinzufügen. Alles mit einem Handrührgerät zu einem lockeren Teig verrühren.

2. Den Backofen auf 200 °C vorheizen. Eine Springform mit Butter einfetten.

3. Den Teig in die Form füllen und etwas andrücken. Den Kuchenboden im Backofen etwa 15 Minuten backen und anschließend in der Form auskühlen lassen.

4. Für die Feigen-Ricotta-Creme die Gelatineblätter etwa 10 Minuten in kaltem Wasser einweichen. Die Gelatine leicht ausdrücken und in einem kleinen Topf in dem Portwein bei schwacher Hitze unter ständigem Rühren auflösen.

5. Die Feigen waschen und von den Stielansätzen befreien. 150 g Feigen mit dem Ricotta zusammen pürieren. Zucker und die Gelatine-Portwein-Mischung unter das Püree rühren. Im Kühlschrank abkühlen lassen. Währenddessen die Sahne steif schlagen und unter die abgekühlte Creme heben.

6. Die Creme auf dem Kuchenboden verteilen und mit einer Winkelpalette glatt streichen. Die restlichen Feigen in Scheiben schneiden und damit die Creme schichtartig belegen. Die Torte etwa 3 Stunden in den Kühlschrank stellen.

7. Zum Garnieren die Sahne mit Sahnesteif und Vanillezucker steif schlagen. Den Springformrand vorsichtig entfernen. Die steife Sahne in einen Spritzbeutel füllen und den Rand der Torte mit der Sahne dekorieren.

Zubereitungszeit: 50 Minuten / Backzeit: 15 Minuten / Kühlzeit: 3 Stunden

Gebackener Kaffee-Käsekuchen

KAFFEE MAL ANDERS

Zutaten für 1 Springform (26 cm Ø)

Für den Boden:
100 g Butterkekse mit Schokoladenüberzug
50 g Butter, plus etwas mehr zum Einfetten
30 g gemahlene Mandeln
1 TL Vanillezucker
1 Eiweiß

Für die Füllung:
3 EL Kaffeelikör
1 EL Instant-Kaffeepulver
3 Eier
1 Eigelb
150 g Zucker
2 TL Vanillezucker
500 g Magerquark
250 g Quark (20% Fettgehalt)
40 g Speisestärke

Für den Belag:
50 g Zartbitter-Schokolade
150 g saure Sahne
3 EL Kaffeelikör
30 g Zucker

30 g Schokolade, zum Dekorieren

1. Für den Boden die Kekse in einen Plastikbeutel geben, fest verschließen und mithilfe einer Teigrolle fein zerbröseln. Die Butter in einem Topf zerlassen und abkühlen lassen. Keksbrösel, Mandeln und Vanillezucker in einer Schüssel vermischen. Zerlassene Butter und Eiweiß hinzufügen und alles vermengen.

2. Den Backofen auf 160 °C vorheizen. Eine Springform mit Backpapier auslegen und den Rand mit Butter einfetten.

3. Die Keksmasse in die Form füllen und mit einem Löffel fest andrücken. Den Keksboden im Kühlschrank kalt stellen.

4. In der Zwischenzeit für die Füllung Likör, Instant-Kaffeepulver, Eier, Eigelb, Zucker und Vanillezucker in einer Schüssel schaumig aufschlagen. Quark und Speisestärke unterrühren.

5. Die Quarkmasse auf dem Teigboden verteilen und glatt streichen. Den Kuchen im Backofen etwa 50 Minuten backen. Anschließend etwas abkühlen lassen.

6. Für den Belag die Schokolade in Stücke brechen und in einem kleinen Topf im Wasserbad bei schwacher Hitze schmelzen. Saure Sahne, Likör und Zucker in einer Schüssel verrühren. Die geschmolzene Schokolade einrühren und den Guss auf dem noch warmen Kuchen verteilen.

7. Den Kuchen in der Form mindestens 3 Stunden im Kühlschrank kalt stellen.

8. Vor dem Servieren den Kuchen aus der Form lösen. Die Schokolade raspeln und über den Kuchen streuen.

Zubereitungszeit: 45 Minuten / Backzeit: 50 Minuten / Kühlzeit: 3 Stunden

Aprikosen-Schmandkuchen

Zutaten für 1 Springform (28 cm Ø)

Für den Teig:
250 g Mehl
1 TL Backpulver
80 g Zucker
1 TL Vanillezucker
1 Ei
125 g Butter, plus etwas mehr zum Einfetten

Für die Füllung:
3 Eiweiß
1 Prise Salz
200 g Sahne
300 g Schmand
300 g Magerquark
140 g Zucker
3 Eigelb
1 EL Zitronensaft
30 g Speisestärke
500 g Aprikosen

1. Für den Teig Mehl und Backpulver in einer Schüssel vermischen und auf eine Arbeitsfläche geben. Die übrigen Zutaten hinzufügen und alles mit den Händen zu einem glatten Teig verkneten. Den Teig in Frischhaltefolie wickeln und 30 Minuten im Kühlschrank kalt stellen.

2. Den Backofen auf 180 °C vorheizen und eine Springform mit Butter einfetten.

3. Die Hälfte des Teigs auf dem Boden der Form ausrollen. Den übrigen Teig zu einer langen Rolle formen und am Rand entlang andrücken, sodass ein etwa 3 cm hoher Teigrand entsteht. Den Rand mit einer kleinen Rolle aus Alufolie abstützen. Den Kuchenboden im vorgeheizten Backofen etwa 12 Minuten vorbacken und anschließend etwas abkühlen lassen.

4. Für die Füllung Eiweiß und Salz in einer Schüssel mit einem Handrührgerät auf höchster Stufe steif schlagen. Die Sahne ebenfalls steif schlagen. Schmand, Quark, Zucker, Eigelb, Zitronensaft und Speisestärke in einer Schüssel zu einer geschmeidigen Masse verrühren. Eischnee und steife Sahne vorsichtig unterheben.

5. Die Aprikosen waschen, halbieren und entsteinen. Den Boden mit den Früchten belegen. Die Creme darüber verteilen und mit einer Winkelpalette glatt streichen. Den Backofen auf 170 °C herunterschalten und den Kuchen 55 Minuten backen. Nach etwa 40 Minuten den Kuchen mit Backpapier abdecken, damit die Oberfläche nicht zu dunkel wird.

6. Den fertigen Käsekuchen noch etwa 15 Minuten im leicht geöffneten Backofen stehen lassen. Dann den Kuchen in der Form erkalten lassen, aus der Form lösen und auf einer Tortenplatte servieren.

Zubereitungszeit: 45 Minuten / Backzeit: 67 Minuten / Kühlzeit: 30 Minuten

Gebackener Käsekuchen mit versunkenen Kirschen

FÜR DEN BESUCH

Zutaten für 1 Springform (26 cm Ø)

Für den Teig:
125 g Butter, plus etwas mehr zum Einfetten
150 g Magerquark
100 ml Milch
100 g Zucker
1 EL Vanillezucker
1 Prise Salz
300 g Mehl
1 Päckchen Backpulver

Für die Füllung:
250 g Herzkirschen
65 g Butter
100 g Zucker
1/2 Päckchen Vanillezucker
2 EL Zitronensaft
2 Eier
500 g Magerquark
100 g Instantmehl
1/2 Päckchen Backpulver
30 g Speisestärke

Für den Belag:
80 g Mandelstifte
80 g Mehl
40 g Butter
50 g Zucker

Puderzucker, zum Bestäuben

1. Für den Teig die Butter in einem kleinen Topf zerlassen. Mit Quark, Milch, Zucker, Vanillezucker und Salz in einer Schüssel verrühren. Mehl und Backpulver vermischen und unter die Quarkmasse rühren.

2. Den Backofen auf 160 °C vorheizen. Den Boden einer Springform mit Backpapier auslegen und den Rand der Form mit Butter einfetten.

3. Den Teig auf einer bemehlten Arbeitsfläche noch einmal kräftig durchkneten, etwas größer als die Form ausrollen, in die Form legen und einen Rand formen. Bis zur weiteren Verwendung im Kühlschrank stellen.

4. Für die Füllung die Kirschen von den Stielen befreien, waschen und entsteinen. Butter und die Hälfte des Zuckers in einer Schüssel mit einem Handrührgerät schaumig schlagen. Vanillezucker und Zitronensaft hinzufügen und nochmals aufschlagen. Die Eier trennen. Das Eigelb unter die Buttermischung rühren und den Quark einarbeiten. Instantmehl, Backpulver und Speisestärke in einer Schüssel vermischen und unter ständigem Rühren langsam in die Quarkmasse einrieseln lassen.

5. Das Eiweiß mit dem restlichen Zucker sehr steif schlagen. Den Eischnee vorsichtig in zwei Portionen mit einem Teigschaber unter die Quarkmasse heben. Die Hälfte der Quarkmasse in die Form füllen und mit einer Winkelpalette glatt streichen. Mit der Hälfte der Kirschen belegen. Die restliche Quarkmasse darüber verteilen und glatt streichen. Die restlichen Kirschen darauflegen.

6. Für den Belag Mandelstifte, Mehl, Butter und Zucker in einer Schüssel mit den Händen zu Streuseln verkneten. Die Streusel auf dem Kuchen verteilen.

7. Den Kuchen im Backofen etwa 40 Minuten backen. Den Kuchen gegen Ende der Backzeit mit Alufolie abdecken, damit er nicht zu dunkel wird. Den fertigen Kuchen am Rand mit einem Messer lösen und noch etwa 30 Minuten in der Form ruhen lassen. Dann erst aus der Form nehmen und vor dem Servieren mit Puderzucker bestäuben.

Zubereitungszeit: 25 Minuten / Backzeit: 40 Minuten / Kühlzeit: 30 Minuten

Käsekuchen mit Pflaumen

Zutaten für 1 Springform (26 cm Ø)

Für den Teig:

250 g Mehl, plus etwas mehr zum Bestäuben
1/2 TL Backpulver
125 g Butter, plus etwas mehr zum Einfetten
1 Ei
1 Prise Salz
90 g Zucker
1 Msp. Zimt

Für die Füllung:

3 Eier
160 g Zucker
1 TL Vanillezucker
Saft von 1/2 Zitrone
750 g Magerquark
1 Päckchen Vanille-Puddingpulver

Für den Belag:

600 g Pflaumen
2 EL brauner Zucker

Hagelzucker, zum Bestreuen

1. Für den Teig Mehl und Backpulver in einer Schüssel vermischen. Die Butter in kleine Stücke schneiden. Mit Ei, Salz, Zucker und Zimt vermengen. Die Mehlmischung hinzufügen und alles zu einem glatten Teig verkneten. Den Teig in Frischhaltefolie wickeln und im Kühlschrank 30 Minuten kalt stellen.

2. Den Backofen auf 200 °C vorheizen und eine Springform mit Butter einfetten.

3. Für die Füllung Eier, Zucker und Vanillezucker verrühren und mit einem Handrührgerät schaumig schlagen. Zitronensaft, Quark und Puddingpulver hinzufügen und zu einer glatten Creme verrühren.

4. Den kühl gestellten Teig noch einmal durchkneten und auf einer bemehlten Arbeitsfläche 5 mm dick und etwas größer als die Form ausrollen. Den Teig in die Form legen, den Rand andrücken und den Boden mit einer Gabel mehrfach einstechen. Die Quarkmasse darauf verteilen und mit einer Winkelpalette glatt streichen. Im Backofen etwa 30 Minuten backen.

5. In der Zwischenzeit d e Pflaumen waschen, entsteinen und vierteln.

6. Den Kuchen aus dem Ofen nehmen, mit den Pflaumen belegen und mit dem braunen Zucker bestreuen. Bei gleicher Temperatur weitere 40 Minuten backen. Auskühlen lassen und vor dem Servieren mit Hagelzucker bestreuen.

Zubereitungszeit: 45 Minuten / Backzeit: 70 Minuten / Kühlzeit: 30 Minuten

Weihnachtlicher Käsekuchen mit Apfelkompott und Zimt

ANSTELLE VON STOLLEN

Zutaten für 1 Springform (26 cm Ø)

Für den Boden:
80 g Butter
60 g Zartbitter-Schokolade
150 g Gewürz-spekulatius

Für die Füllung:
600 g Frischkäse
60 g Zucker
1 TL Vanillezucker
120 ml Milch
5 Blatt Gelatine
400 g Apfelkompott, aus dem Glas
2 TL Lebkuchen-gewürz

Für die Dekoration:
175 g Zimtsterne
Schokosplitter, zum Bestreuen

1. Für den Boden die Butter in einem Topf zerlassen. Die Schokolade in Stücke schneiden, zur Butter geben und unter ständigem Rühren schmelzen. Die Spekulatius in einen Plastikbeutel geben, fest verschließen und mithilfe einer Teigrolle fein zerbröseln und unter die Butter-Schoko-Masse rühren. Eine Springform mit Backpapier auslegen. Den Teig in die Form füllen und mit einem Löffel fest drücken. Den Boden im Kühlschrank kühl stellen.

2. Für die Füllung die Gelatine in kaltem Wasser 10 Minuten einweichen. Frischkäse, Zucker, Vanillezucker und die Hälfte der Milch in einer Schüssel verrühren. Die restliche Milch in einem Topf erhitzen. Die Gelatineblätter ausdrücken und in der heißen Milch bei schwacher Hitze unter ständigem Rühren auflösen. Die Gelatine-Milch-Mischung unter die Frischkäsecreme rühren.

3. Ein Drittel der Creme in einer Schüssel mit dem Apfelkompott verrühren, auf dem Kuchenboden verteilen und mit einer Winkelpalette glatt streichen. Die restliche Creme mit dem Lebkuchengewürz verrühren, vorsichtig mit einem Teigschaber auf der ersten Schicht verteilen und glatt streichen. Die Torte 2–3 Stunden in den Kühlschrank stellen.

4. Den Kuchen vorsichtig aus der Springform lösen. Mit Zimtsternen belegen und mit den Schokosplittern dekorieren.

TIPP:
Anstelle von Spekulatius können für den Boden auch Vanillekipferl oder Mürbeteigplätzchen verwendet werden.

Zubereitungszeit: 50 Minuten / Kühlzeit: 2–3 Stunden

New York Cheesecake

Zutaten für 1 Springform (24 cm Ø)

Für den Boden:

200 g Butterkekse
120 g Butter, plus etwas mehr zum Einfetten

Für die Füllung:

100 g weiße Schokolade
600 g Doppelrahm-Frischkäse
200 g Crème fraîche
100 g Zucker
30 g Speisestärke
3 Eier

Puderzucker, zum Bestäuben

1. Für den Boden die Kekse in einen Plastikbeutel geben, fest verschließen und mit Hilfe einer Teigrolle fein zerbröseln. Die Butter in einem Topf zerlassen und mit den Bröseln in einer Schüssel vermischen.

2. Den Backofen auf 160 °C vorheizen. Den Boden einer Springform mit Backpapier auslegen und den Rand der Form mit Butter einfetten.

3. Den Bröselteig in die Form füllen und mit einem Löffel fest andrücken. Den Boden im Kühlschrank kalt stellen.

4. Für die Füllung die Schokolade fein hacken. Frischkäse, Crème fraîche, Zucker und Speisestärke in einer Schüssel mit einem Handrührgerät auf mittlerer Stufe zu einer geschmeidigen Masse verrühren. Die Eier nacheinander einarbeiten und zuletzt die Schokolade unterrühren.

5. Die Frischkäsemasse auf dem erkalteten Boden verteilen und mit einer Winkelpalette glatt streichen. Den Kuchen im Backofen etwa 40 Minuten backen.

6. Den Kuchen in der Form auskühlen lassen. Aus der Form lösen und vor dem Servieren mit Puderzucker bestäuben.

Zubereitungszeit: 35 Minuten / Backzeit: 40 Minuten

Russischer Käse-Zupfkuchen

SONNTAGS-KUCHEN

Zutaten für 1 Backblech (30 cm x 40 cm)

Für den Teig:
250 g Mehl
2 TL Backpulver
20 g Kakaopulver
140 g Butter, plus etwas mehr zum Einfetten
140 g Zucker
1 Ei

Für die Füllung:
250 g Butter
280 g Zucker
3 TL Vanillezucker
4 Eier
750 g Magerquark
100 g Sahne
1 EL Speisestärke

1 EL Puderzucker, zum Bestäuben
40 g gehackte Haselnüsse, zum Dekorieren

1. Für den Teig Mehl, Backpulver und Kakaopulver in einer Schüssel vermischen. Butter, Zucker und Ei hinzufügen und alles mit einem Handrührgerät mit Knethaken vermengen. Dann den Teig mit den Händen zügig zu einem Streuselteig verkneten.

2. Den Backofen auf 170 °C vorheizen und eine Springform mit Butter einfetten.

3. Drei Viertel der Teigmenge in die Form füllen und an Boden und Rand fest andrücken, sodass ein 5 cm hoher Rand entsteht. Den Rest des Streuselteigs beiseitestellen.

4. Für die Füllung Butter, Zucker und Vanillezucker in einer Schüssel verrühren. Die Eier nacheinander unterrühren. Quark, Sahne und Speisestärke hinzufügen und alles zu einer glatten Masse verrühren.

5. Die Quarkmasse auf dem Streuselboden verteilen und mit einer Winkelpalette glatt streichen. Den beiseitegestellten Streuselteig mit den Händen zerzupfen und auf der Quarkmasse verteilen.

6. Den Kuchen im Backofen etwa 75 Minuten backen. Den Kuchen auskühlen lassen und vorsichtig aus der Springform lösen. Vor dem Servieren mit Puderzucker und gehackten Haselnüssen bestreuen.

Zubereitungszeit: 45 Minuten / Backzeit: 75 Minuten

Quarkkuchen mit Kaffee-Mousse und Sauerkirschen

Zutaten für 1 Springform (28 cm Ø)

Für den Teig:
250 g Mehl, plus etwas mehr zum Bestäuben
80 g Zucker
1 Prise Salz
130 g Butter, plus etwas mehr zum Einfetten

Für die Sauerkirschen:
100 ml Sauerkirschsaft
1 TL Speisestärke
40 ml Kirschlikör
1 Blatt Gelatine
350 g Sauerkirschen aus dem Glas, abgetropft
30 g Zucker

Für die Kaffee-Mousse:
500 g Magerquark
150 g Zucker
100 ml Espresso
4 Blatt Gelatine
200 g Sahne

Für das Kaffee-Gelee:
2 Blatt Gelatine
150 ml Espresso
20 g Zucker

1. Für den Teig Mehl, Zucker und Salz in einer Schüssel vermischen. Die Butter in Stücke schneiden, dazugeben und alles mit den Händen zu einem Teig verkneten. Den Teig in Frischhaltefolie wickeln und 30 Minuten im Kühlschrank kalt stellen.
2. Den Backofen auf 180 °C vorheizen und eine Springform mit Butter einfetten.
3. Den Teig auf einer bemehlten Arbeitsfläche in der Größe der Form ausrollen. Den Teig in die Form legen und den Boden mehrfach mit einer Gabel einstechen. Den Boden im Backofen etwa 15 Minuten backen. Anschließend etwas abkühlen lassen.
4. Die Gelatine 10 Minuten in kaltem Wasser einweichen. In der Zwischenzeit den Sauerkirschsaft aufkochen. Die Speisestärke in dem Kirschlikör anrühren und damit den heißen Saft andicken. Die Gelatine leicht ausdrücken und in einem Topf bei mittlerer Hitze unter ständigem Rühren auflösen. In die Saftmischung gießen, Sauerkirschen und Zucker unterrühren und die Mischung abkühlen lassen.
5. Die Gelatine 10 Minuten in kaltem Wasser einweichen. Für die Kaffee-Mousse Quark, Zucker und Espresso in einer Schüssel verrühren. Die Gelatine leicht ausdrücken, in einem Topf bei mittlerer Hitze unter ständigem Rühren auflösen und in die Quarkmasse einrühren. Die Sahne steif schlagen und mit einem Teigschaber vorsichtig unter die fest werdende Quarkmasse heben.
6. Die Sauerkirschmischung auf dem ausgekühlten Boden verteilen. Die Kaffee-Mousse darüber verteilen und mit einer Winkelpalette glatt streichen. Die Form mit Frischhaltefolie abdecken und im Kühlschrank 1 Stunde kalt stellen.
7. In der Zwischenzeit für das Kaffee-Gelee die Gelatine 10 Minuten in kaltem Wasser einweichen. Den Espresso in einem Topf erhitzen. Die Gelatine leicht ausdrücken und mit dem Zucker in dem heißen Espresso unter ständigem Rühren auflösen. Das Kaffee-Gelee etwas abkühlen lassen und vorsichtig auf dem Kuchen verstreichen. Den Kuchen nochmals 1 Stunde im Kühlschrank kalt stellen. Aus der Form lösen und auf einer Kuchenplatte servieren.

Zubereitungszeit: 50 Minuten / Backzeit: 15 Minuten / Kühlzeit: 2 1/2 Stunden

Gebackener Grieß-Käsekuchen

Zutaten für 1 Backblech (30 cm x 40 cm)

Für den Teig:
150 g Butter
210 g Zucker
5 Eier
abgeriebene Schale und Saft von 1 Orange
120 g Grieß
2 TL Backpulver
1 Päckchen Vanillepuddingpulver
1 kg Magerquark

Für den Belag:
150 g Rote Stachelbeeren

Puderzucker, zum Bestäuben

1. Für den Teig die Butter in einer Schüssel mit einem Handrührgerät aufschlagen, bis sie schaumig wird. Zucker, Eier, Orangenschale und Orangensaft hinzufügen und alles zu einer glatten Masse verrühren. Grieß, Backpulver und Puddingpulver vermischen und unter die Buttermasse rühren. Den Quark unterheben und alles zu einem glatten Teig verrühren.

2. Den Backofen auf 180 °C vorheizen und eine Springform mit Backpapier auslegen.

3. Für den Belag die Stachelbeeren waschen und auf Küchenpapier abtropfen lassen.

4. Den Teig in die Form füllen und mit einer Winkelpalette glatt streichen. Die Stachelbeeren auf dem Kuchen verteilen. Den Kuchen im Backofen etwa 1 Stunde goldbraun backen.

5. Den fertig gebackenen Kuchen einige Minuten in der Form auskühlen lassen. Dann erst aus der Form lösen und vor dem Servieren mit Puderzucker bestäuben.

TIPP:

Den Kuchen mit feinem Maisgrieß zubereiten – dann wird er herrlich gelb. Statt der Stachelbeeren können auch Walderdbeeren oder Brombeeren verwendet werden.

Zubereitungszeit: 30 Minuten / Backzeit: 1 Stunde

Himbeercremetorte mit Frischkäsefüllung

FESTLICH & BESONDERS

Zutaten für 1 Springform (26 cm Ø)

Für den Boden:
- etwas Butter, zum Einfetten
- 6 Eier
- 1 Prise Salz
- 180 g Zucker
- abgeriebene Schale von 1 Zitrone
- 120 g Mehl
- 50 g Speisestärke

Für die Füllung:
- 500 g Himbeeren
- 3 Blatt Gelatine
- 200 g Frischkäse
- 100 g Puderzucker
- 400 g Sahne

Für die Dekoration:
- 30 g gehackte Pistazien
- 100 g frische Himbeeren
- Schokosplitter, zum Dekorieren

1. Den Backofen auf 180 °C vorheizen und eine Springform mit Butter einfetten.

2. Für den Boden die Eier trennen. Das Eiweiß mit dem Salz steif schlagen und dabei die Hälfte des Zuckers einrieseln lassen. Eigelb, restlichen Zucker und Zitronenschale in einer Schüssel schaumig rühren. Mehl und Stärke vermischen. Den Eischnee unter die Eigelbmasse heben, die Mehlmischung darübersieben und alles vorsichtig vermengen.

3. Den Teig für den Boden in die Form füllen und im Backofen etwa 45 Minuten backen.

4. Den Tortenboden in der Form 10 Minuten lang ruhen lassen, den Ring der Springform lösen und den Boden vollständig auskühlen lassen. Den Boden mit einem langen Messer horizontal in drei gleich dicke Böden schneiden.

5. Die Gelatine 10 Minuten in kaltem Wasser einweichen. Für die Füllung 150 g Himbeeren mit einem Stabmixer pürieren. Frischkäse und Puderzucker verrühren. Unter das Himbeerpüree rühren. Die Gelatine leicht ausdrücken und in einem kleinen Topf bei mittlerer Hitze auflösen. Die Sahne steif schlagen und mit der aufgelösten Gelatine unter die Frischkäse-Himbeer-Masse rühren. Etwa ein Drittel der Masse beiseitestellen.

6. Die restliche Masse in zwei gleiche Portionen aufteilen und auf zwei Tortenböden streichen. Die restlichen Himbeeren auf beiden Böden verteilen.

7. Die beiden belegten Tortenböden aufeinandersetzen und den dritten Boden auflegen. Tortenoberfläche und Rand mit dem Rest der Frischkäse-Himbeer-Masse bestreichen. Die Torte mit den frischen Himbeeren belegen und mit den Pistazien bestreuen. Den Rand mit Schokosplittern dekorieren. Die Torte bis zum Servieren kühl stellen.

Zubereitungszeit: 45 Minuten / Backzeit: 45 Minuten

Käsecremetorte mit Minze-Nektarinen

Zutaten für 1 Springform und 1 Tortenring (22 cm Ø)

Für den Teig:
etwas Butter, zum Einfetten
4 Eier
1 Prise Salz
120 g Zucker
abgeriebene Schale von 1/2 Zitrone
100 g Mehl, plus etwas mehr zum Bestäuben
1 Msp. Backpulver
20 g gemahlene Mandeln

Für die Creme:
4 Blatt Gelatine
400 g Frischkäse
250 g Quark
100 g Zucker
1 EL Zitronensaft
150 g Sahne

Für den Belag:
3 Nektarinen
2 EL Wasser
1 EL Zucker
frische Minzblättchen zum Dekorieren

1. Den Backofen auf 180 °C vorheizen.

2. Für den Teig die Eier trennen. Das Eiweiß mit dem Salz steif schlagen und dabei die Hälfte des Zuckers nach und nach einrieseln lassen. Eigelb, restlichen Zucker und Zitronenschale in einer Schüssel schaumig rühren und unter den Eischnee ziehen. Mehl, Backpulver und Mandeln vermischen und mit einem Schneebesen unter die Eiermasse heben.

3. Den Boden einer Springform mit Backpapier auslegen, den Rand der Form mit Butter einfetten und mit Mehl bestäuben.

4. Den Teig in die vorbereitete Form füllen und im Backofen etwa 30 Minuten backen. Den Kuchen aus der Form lösen, auf ein Kuchengitter stürzen, das Backpapier abziehen und den Boden auskühlen lassen.

5. Die Gelatine 10 Minuten lang in kaltem Wasser einweichen. Für die Creme Frischkäse, Quark, Zucker und Zitronensaft in einer Schüssel verrühren. Die Gelatine leicht ausdrücken und in einem Topf bei mittlerer Hitze unter ständigem Rühren auflösen. Unter die Frischkäse-Creme rühren.

6. Die Sahne steif schlagen und vorsichtig unter fest werdende Creme rühren. Den Tortenboden in einen Tortenring auf einer Kuchenplatte setzen, die Creme darauf verteilen und für mindestens 4 Stunden im Kühlschrank kalt stellen.

7. Für den Belag die Nektarinen waschen, entsteinen und das Fruchtfleisch in schmale Spalten schneiden. Die Spalten mit dem Wasser in einem Topf andünsten, mit dem Zucker bestreuen und abkühlen lassen.

8. Die Torte nach der Kühlzeit mit den Nektarinenspalten belegen und mit etwas frischer Minze vor dem Servieren dekorieren.

Zubereitungszeit: 1 Stunde / Backzeit: 30 Minuten / Kühlzeit: 4 Stunden

Birnenmoussetorte mit Joghurt

Zutaten für 1 Springform (26 cm Ø)

Für den Teig:
etwas Butter,
zum Einfetten
3 Eier
1 Prise Salz
2 TL Vanillezucker
100 g Zucker
100 g Mehl, plus
etwas mehr zum
Bestäuben
50 g Speisestärke
1/2 TL Backpulver

Für die Füllung:
700 g Birnen,
Gute Luise
3 EL Zitronensaft
50 g Speisestärke
500 ml Birnensaft
90 g Zucker
1 Msp. Zimt

Für die Quarksahne:
250 g Sahne
80 g Puderzucker
180 g Quark
(20 % Fettgehalt)

60 g Zartbitter-
Kuvertüre, zum
Dekorieren

1. Den Backofen auf 160 °C vorheizen. Den Boden einer Springform mit Backpapier auslegen, den Rand der Form mit Butter einfetten und mit Mehl bestäuben.

2. Für den Teig die Eier trennen. Das Eiweiß mit dem Salz steif schlagen und dabei den Vanillezucker einrieseln lassen. Eigelb und Zucker in einer Schüssel schaumig rühren und unter den Eischnee ziehen. Mehl, Speisestärke und Backpulver vermischen, über die Eiermasse sieben und vorsichtig mit einem Schneebesen unterheben.

3. Den Teig in Form füllen und im Backofen etwa 20 Minuten hell backen. Den Kuchen aus der Form lösen, auf ein Kuchengitter stürzen, das Backpapier abziehen und den Boden auskühlen lassen.

4. Für die Füllung die Birnen schälen, vierteln, das Kerngehäuse entfernen und in feine Scheiben schneiden. Mit dem Zitronensaft beträufeln. Die Speisestärke mit 50 ml Birnensaft verrühren. Den restlichen Birnensaft mit Zucker und Zimt aufkochen, aufgelöste Stärke hinzufügen und damit andicken. Die Birnenscheiben hinzugeben und abkühlen lassen.

5. Den Tortenboden in einen Tortenring auf einer Kuchenplatte setzen, die Birnenmasse darauf verteilen und für 3 Stunden im Kühlschrank kalt stellen.

6. Für die Quarksahne die Sahne mit dem Puderzucker steif schlagen und unter den Quark heben. Die Creme in einen Spritzbeutel mit großer Lochtülle füllen und den Kuchen damit nach eigener Fantasie verzieren.

7. Die Kuvertüre raspeln und vor dem Servieren über die Torte streuen.

Zubereitungszeit: 45 Minuten
Backzeit: 20 Minuten
Kühlzeit: 3 Stunden

Geeiste Beeren-Käsesahnetörtchen

IM SOMMER

Zutaten für 4 Formen (10 cm Ø)

Für die Törtchen:
1 L Vanilleeiscreme
150 g Frischkäse
1 TL Vanillezucker
100 g Mürbeteigplätzchen, zerbröselt

Für den Überzug:
200 g Sahne
1 Päckchen Sahnesteif
30 g Puderzucker

Für den Belag:
150 g Himbeeren
100 g Walderdbeeren
100 g Blaubeeren

Puderzucker, zum Bestäuben

1. Für die Törtchen die leicht angetaute Eiscreme in einer Küchenmaschine mit Frischkäse, Vanillezucker und Plätzchenbröseln mit einem Knethaken langsam verrühren, bis sich alle Zutaten zu einer glatten Creme verbunden haben.

2. Die Formen mit Frischhaltefolie auslegen, mit der Creme füllen und 1 Stunde ins Gefrierfach stellen.

3. Für den Überzug die Sahne mit Sahnesteif und Puderzucker steif schlagen. Die Beeren verlesen und in einer Schale mischen.

4. Die Eistörtchen aus den Formen lösen, auf einen großen Teller oder eine Platte stürzen und die Folie entfernen. Die Törtchen rundherum mit der Sahne bestreichen und mit den gemischten Beeren dekorativ belegen. Danach nochmals für 10 Minuten einfrieren.

5. Vor dem Servieren die Törtchen mit Puderzucker bestäuben.

TIPP:

Wenn es noch dekorativer sein soll, mit Schokoladensplittern oder grob zerbröselten Mürbeteigplätzchen bestreuen

Zubereitungszeit: 40 Minuten / Gefrierzeit: 70 Minuten

Bananen-Schoko-Quarkkuchen

Zutaten für 1 Springformring (28 cm Ø)

Für den Boden:
150 g Zartbitter-Kuvertüre
20 g Butter
150 g Schokoladen-Reisflakes

Für den Belag:
10 Blatt Gelatine
600 g Magerquark
100 g Zucker
1 TL Vanillezucker
abgeriebene Schale von 1 Zitrone
4 vollreife Bananen, etwa 450 g
2 EL Zitronensaft
200 g Sahne

Zum Dekorieren:
200 g Sahne
1 Päckchen Sahnesteif
2 EL zerkrümelte Schokoladen-Reisflakes
50 g Zartbitter-Kuvertüre

1. Für den Boden die Kuvertüre in Stücke schneiden und in einem Topf im heißen Wasserbad mit der Butter bei schwacher Hitze unter ständigem Rühren schmelzen. Schokoladen-Reisflakes im Mixer fein hacken und unter die Schokoladen-Butter-Mischung rühren.

2. Den Springformring auf eine mit Tortenspitze oder Backpapier ausgelegte Tortenplatte stellen. Die Schokoladen-Reisflakes-Masse einfüllen und mit einem Löffel fest drücken. Den Tortenboden 1 Stunde im Kühlschrank kalt stellen.

3. Für den Belag Quark, Zucker, Vanillezucker und Zitronenschale in einer Schüssel verrühren. Die Bananen schälen, in dünne Scheiben schneiden und mit dem Zitronensaft beträufeln. Die Gelatine 10 Minuten in kaltem Wasser einweichen, leicht ausdrücken und in einem Topf mit etwas Wasser bei mittlerer Hitze unter ständigem Rühren auflösen. Die Bananen und die aufgelöste Gelatine unter die Quarkmasse rühren.

4. Die Sahne steif schlagen und mit einem Teigschaber unter die fest werdende Quark-Bananen-Masse heben. Die Creme auf dem Tortenboden verteilen und mit einem Palettenmesser glatt streichen. Die Torte etwa 1–2 Stunden in den Kühlschrank stellen. Anschließend den Springformrand entfernen.

5. Zum Dekorieren die Sahne mit dem Sahnesteif steif schlagen und in einen Spritzbeutel füllen. Die Torte mit kleinen Rosetten verzieren und mit den Schokoladen-Reisflakes bestreuen.

6. Die Kuvertüre in Stücke schneiden, in einem Topf im heißen Wasserbad schmelzen und dann in einen Gefrierbeutel füllen. Von dem Beutel eine kleine Ecke abschneiden und die Torte mit der Schokolade besprenkeln.

7. Die Torte bis zum Servieren im Kühlschrank kalt stellen.

Zubereitungszeit: 55 Minuten / Kühlzeit: 2–3 Stunden

Passionsfrucht-Frischkäsetorte

BUNT & LECKER

Zutaten für 1 Springformring (26 cm Ø)

Für den Boden:
200 g Löffelbiskuits
100 g Butter

Für die Füllung:
4 Blatt Gelatine
250 ml Passionsfruchtsaft
125 g Zucker
100 g Doppelrahm-Frischkäse
1 TL Vanillezucker
400 g Schlagsahne

Für den Belag:
500 g Wassermelone
500 g Charentais Melone
frische Minzblättchen, zum Dekorieren

1. Für den Biskuitboden die Löffelbiskuits in einen Plastikbeutel geben, fest verschließen und mithilfe einer Teigrolle zerbröseln. Die Butter in einem Topf zerlassen und mit den Bröseln in einer Schüssel vermengen.

2. Den Springformring auf eine mit Backpapier ausgelegte Tortenplatte stellen. Die Biskuitmasse in die Form füllen und mit einem Löffel fest drücken. Im Kühlschrank kalt stellen.

3. Für die Füllung die Gelatineblätter in kaltem Wasser 10 Minuten einweichen, leicht ausdrücken und in einem Topf bei mittlerer Hitze mit 3 Esslöffeln Passionsfruchtsaft und 50 g Zucker unter ständigem Rühren auflösen. Den restlichen Passionsfruchtsaft einrühren.

4. Frischkäse, restlichen Zucker und Vanillezucker in einer Schüssel glatt rühren. Die Sahne steif schlagen. Das Passionsfruchtgelee, sobald es zu gelieren beginnt, zügig in die Frischkäsecreme einrühren. Die steife Sahne mit einem Teigschaber unterheben.

5. Die Creme auf dem Biskuitboden verteilen und mit einer Winkelpalette glatt streichen. Die Torte 3–4 Stunden im Kühlschrank kalt stellen. Den Springformring mit einem scharfen Messer lösen und entfernen.

6. Für den Belag die beiden Melonen entkernen und kleine Kugeln ausstechen. Die Torte mit den Melonenkugeln belegen und vor dem Servieren mit den Minzblättchen dekorieren.

Zubereitungszeit: 75 Minuten / Kühlzeit: 3–4 Stunden

Quark-Blaubeercreme in Windbeuteln

Zutaten für ca. 12 Stück

Für den Teig:
125 ml Milch
50 g Butter
1 Prise Salz
125 g Mehl
3 Eier

Für die Füllung:
3 Blatt Gelatine
350 g Blaubeeren
1 EL Zitronensaft
250 g Magerquark
100 g Zucker
2 TL Vanillezucker
75 g Schwarze Johannisbeeren
200 g Sahne
Puderzucker, zum Bestäuben

1. Für den Brandteig Milch, Butter und Salz in einem Topf aufkochen. Das Mehl hinzufügen und mit einem Kochlöffel so lange einrühren, bis der Teig „abgebrannt" ist: Es bildet sich ein Kloß und am Topfboden entsteht eine weiße Haut. Den Teig in eine Schüssel umfüllen und mit Frischhaltefolie abgedeckt 10–15 Minuten abkühlen lassen.

2. Den Backofen auf 220 °C vorheizen und ein Backblech mit Backpapier auslegen.

3. Die Eier nacheinander mit dem Kochlöffel unter den Brandteig rühren. Den Teig in einen Spritzbeutel mit großer Sterntülle füllen und etwa 12 Tupfen (5 cm Ø) auf das Backblech spritzen und im Backofen etwa 25–30 Minuten backen. Damit die Windbeutel optimal aufgehen, während des Backens eine Auflaufform mit heißem Wasser auf den Backofenboden stellen.

4. Die Windbeutel auskühlen lassen und in der Mitte durchschneiden.

5. Die Gelatine in kaltem Wasser 10 Minuten einweichen. Für die Füllung die Blaubeeren verlesen, waschen und abtropfen lassen. 250 g Blaubeeren und Zitronensaft mit einem Stabmixer pürieren. Quark, Zucker und Vanillezucker in einer Schüssel glatt rühren. Die Gelatine leicht ausdrücken und in einem kleinen Topf bei mittlerer Hitze unter ständigem Rühren auflösen. Unter das Püree rühren. Alles unter die Quarkmasse heben und beiseitestellen.

6. Die Johannisbeeren verlesen, waschen, abtropfen lassen und mit den restlichen Blaubeeren vermischen. Die Sahne steif schlagen und mit einem Teigschaber unter die fest werdende Quarkmasse heben. Die Creme in einen Spritzbeutel mit großer Lochtülle füllen und auf die unteren Hälften der Windbeutel spritzen. Mit den Früchten bestreuen. Die oberen Hälften als Deckel daraufsetzen. Mit Puderzucker bestäuben und auf einer Platte anrichten.

TIPP:
Beim Backen der Windbeutel sorgt Wasserdampf dafür, dass die Windbeutel schön aufgehen. Statt des Wasserbads, einfach eine kleine Mokkatasse voll Wasser auf den heißen Backofenboden gießen und sofort die Backofentür schließen.

Zubereitungszeit: 90 Minuten / Backzeit: 25–30 Minuten / Kühlzeit: 10–15 Minuten

Frischkäsetarte mit Beerenfrüchten

Zutaten für 2 Tarteformen (22 cm Ø)

Für den Teig:
300 g Mehl, plus etwas mehr zum Bestäuben
100 g Zucker
1 Prise Salz
1 TL Vanillezucker
1 Ei
200 g Butter, plus etwas mehr zum Einfetten

Für den Belag:
3 Eier
120 g Zucker
250 g Doppelrahm-Frischkäse
500 g Quark (20 % Fettgehalt)
30 g Speisestärke
200 g Himbeeren
200 g Schwarze Johannisbeeren
200 g Rote Johannisbeeren
2 EL geröstete Mandelblättchen nach Belieben
Puderzucker, zum Bestäuben

1. Für den Teig das Mehl auf die Arbeitsfläche geben. Zucker, Salz, Vanillezucker und das Ei hinzufügen, die Butter in Stücke schneiden und darauf verteilen. Mit einem Messer oder einer Winkelpalette alles einarbeiten und dann mit den Händen rasch zu einem glatten Teig verkneten. In Frischhaltefolie wickeln und im Kühlschrank 30 Minuten ruhen lassen.

2. Den Backofen auf 170 °C vorheizen. Zwei Tarteformen mit Butter einfetten und mit Mehl bestäuben.

3. Für den Belag die Eier trennen. Das Eigelb und die Hälfte des Zuckers verrühren. Frischkäse, Quark und Speisestärke unterheben. Das Eiweiß mit dem restlichen Zucker steif schlagen und mit einem Teigschaber unter die Quarkmasse heben.

4. Die Beeren verlesen, waschen und abtropfen lassen. Von den Rispen zupfen und in einer Schale mischen.

5. Die Teigmenge halbieren. Beide Stücke auf einer bemehlten Arbeitsfläche ausrollen und in die Formen legen. Die Quark-Frischkäse-Masse auf beide Formen verteilen und mit einer Winkelpalette glatt streichen. Mit den Beeren belegen.

6. Im Backofen etwa 40 Minuten backen. Die Tartes in den Formen auskühlen lassen.

7. Mit Mandelblättchen bestreuen und vor dem Servieren mit Puderzucker bestäuben.

Zubereitungszeit: 45 Minuten / Backzeit: 40 Minuten / Kühlzeit: 30 Minuten

Stachelbeer-Schmandkuchen

FÜR FEIN-SCHMECKER

Zutaten für 1 runde Backform (32 cm Ø)

Für den Teig:

150 ml Milch
60 g Zucker
21 g frische Hefe
500 g Mehl, plus etwas mehr zum Bestäuben
80 g Butter, plus etwas mehr zum Einfetten

Für den Schmand-Belag:

700 g Stachelbeeren
500 g Schmand
250 g Magerquark
80 g Zucker
2 TL Vanillezucker
3 Eier
abgeriebene Schale von 1/2 Orange

Für die Creme-Schicht:

4 Eier
150 g Zucker
180 g Butter
50 g Mehl

1. Für den Hefeteig die Milch in einem Topf leicht erwärmen. Zucker und Hefe einrühren. Mit dem Mehl in einer Küchenmaschine zu einem glatten Teig verrühren. Die Butter in kleinen Stücken in den Teig einarbeiten. Mit einem Küchentuch abgedeckt an einem warmen Ort etwa 30 Minuten gehen lassen.

2. Den Backofen auf 180 °C vorheizen und die Form mit Butter einfetten.

3. Für den Belag die Stachelbeeren verlesen, waschen und abtropfen lassen. Schmand, Quark, Zucker, Vanillezucker, Eier und Orangenschale in einer Schüssel zu einer glatten Creme verrühren.

4. Für die Creme-Schicht Eier und Zucker in einer Schüssel schaumig aufschlagen. Die Butter in einem Topf zerlassen, lauwarm in die Eiermasse einlaufen lassen und unterrühren. Das Mehl mit einem Schneebesen unterrühren.

5. Den Hefeteig auf einer bemehlten Arbeitsfläche in der Größe der Form ausrollen. Den Teig in die Form legen und einen Rand formen. Die Schmand-Creme darauf verteilen und mit einer Winkelpalette glatt streichen. Mit den Stachelbeeren belegen und mit der Creme-Schicht bestreichen. Den Kuchen im Backofen etwa 35 Minuten backen.

6. Auskühlen lassen und vor dem Servieren in Stücke schneiden.

Zubereitungszeit: 45 Minuten / Ruhezeit: 30 Minuten / Backzeit: 35 Minuten

Gedeckte Quark-Pistazienschnitte

Zutaten für 1 Backblech und 1 Backrahmen (20 cm x 30 cm)

Für den Boden:

4 Eier
140 g Zucker, plus etwas mehr zum Bestreuen
70 g Mehl
40 g Speisestärke
1 TL Backpulver
40 g geriebene Mandeln
3 EL Aprikosenmarmelade

Für die Füllung:

2 Blatt Gelatine
250 g Quark (20 % Fettgehalt)
50 g Joghurt
80 g Zucker
125 g fein gehackte Pistazienkerne
250 g Sahne
500 g Himbeeren

Puderzucker, zum Bestreuen

1. Den Backofen auf bei 200 °C vorheizen und ein Backblech mit Backpapier auslegen.

2. Für den Boden die Eier trennen. Das Eiweiß halb steif schlagen, nach und nach den Zucker einrieseln lassen und das Eigelb unterrühren. Mehl, Speisestärke und Backpulver vermischen und über die Eiermasse sieben. Die Mandeln hinzufügen und alles vorsichtig vermengen.

3. Den Teig auf das Backblech streichen und im Backofen etwa 15 Minuten backen.

4. Den Boden auf ein mit Zucker bestreutes Küchentuch stürzen, das Backpapier abziehen und abkühlen lassen. Den Boden in der Mitte in zwei Hälften (je 20 cm x 30 cm) durchschneiden. Die Ränder glatt abschneiden. Eine Hälfte in 10 gleich große Stücke schneiden und beiseitestellen. Auf die andere Hälfte die Marmelade streichen und in einen Backrahmen setzen.

5. Die Gelatine in kaltem Wasser 10 Minuten einweichen. Für die Füllung Quark, Joghurt und Zucker glatt rühren. Die Pistazienkerne unterrühren. Die Gelatine leicht ausdrücken und in einem Topf bei mittlerer Hitze unter ständigem Rühren auflösen. In die Quark-Pistaziencreme einrühren. Die Sahne steif schlagen und unter die Creme ziehen. Ein Drittel der Menge zum Dekorieren beiseitestellen.

6. Die Himbeeren verlesen, etwa 100 g zum Dekorieren beiseitestellen. Die restlichen Himbeeren unter die Creme heben. Auf dem Tortenboden verteilen und mit einer Winkelpalette glatt streichen. Die 10 Teigstücke darauf setzen und leicht andrücken.

7. Mit der restlichen Creme bestreichen und mit den übrigen Himbeeren dekorieren. Den Kuchen 2 Stunden kalt stellen, aus dem Rahmen lösen und an den Schnittkanten in 10 Stücke schneiden. Vor dem Servieren mit Puderzucker bestäuben.

Zubereitungszeit: 1 Stunde / Backzeit: 15 Minuten / Kühlzeit: 2 Stunden

Crème-fraîche-Vanilleschaum mit Passionsfruchtgelee

EXOTISCH & FRUCHTIG

Zutaten für 1 Springform (24 cm Ø)

Für den Boden:

2 Eier
70 g Zucker
40 g Mehl
30 g Speisestärke
1 TL Backpulver

Für die Vanillecreme:

2 Blatt Gelatine
300 g Crème fraîche
60 g Zucker
30 g Vanillezucker
250 g Sahne

Für das Passionsfruchtgelee:

6 Blatt Gelatine
20 ml Kokoslikör
500 ml Passionsfruchtsaft (Maracujasaft)

Kokosspäne, zum Dekorieren

1. Den Backofen auf 200 °C vorheizen und eine Springform mit Backpapier auslegen.

2. Für den Boden die Eier trennen. Das Eiweiß halb steif schlagen, nach und nach den Zucker einrieseln lassen und das Eigelb unterrühren. Mehl, Speisestärke und Backpulver vermischen und über die Eiermasse sieben. Alles vorsichtig vermengen.

3. Den Teig in die Springform füllen und mit einer Winkelpalette glatt streichen. Im Backofen etwa 12–15 Minuten backen.

4. Die Gelatine 10 Minuten in kaltem Wasser einweichen. Für die Vanillecreme Crème fraîche, Zucker und Vanillezucker glatt rühren. Die Gelatine leicht ausdrücken, in einem Topf bei mittlerer Hitze unter ständigem Rühren auflösen und in die Vanillecreme einrühren. Die Sahne steif schlagen und unter die fest werdende Creme ziehen. Die Creme auf dem abgekühlten Boden verteilen und glatt streichen. Im Kühlschrank 1 Stunde kalt stellen.

5. Für das Gelee die Gelatine 10 Minuten in kaltem Wasser einweichen, leicht ausdrücken und mit dem Kokoslikör in einem Topf bei mittlerer Hitze unter ständigem Rühren auflösen. In den Passionsfruchtsaft einrühren und damit den Saft andicken.

6. Den angedickten Saft auf die Vanillecreme gießen und gleichmäßig verstreichen. Den Kuchen im Kühlschrank nochmals 1 Stunde kalt stellen. Vorsichtig aus der Form lösen und vor dem Servieren mit Kokosspänen dekorieren.

Zubereitungszeit: 1 Stunde / Backzeit: 12–15 Minuten / Kühlzeit: 2 Stunden

Schaumige Frischkäsetorte

Zutaten für 1 Springform (26 cm Ø)

Für den Boden:

150 g Löffelbiskuits

100 g Butter

Für die Creme:

3 Blatt Gelatine

200 g Frischkäse

400 g Sahne

70 g Zucker

1 TL Vanillezucker

1 EL Zitronensaft

350 g Sauerkirschen, aus dem Glas

Für die Glasur:

3 Blatt Gelatine

20 ml Kirschlikör

30 g Zucker

250 ml Sauerkirschsaft

1. Für den Biskuitboden die Löffelbiskuits in einen Plastikbeutel geben, fest verschließen und mithilfe einer Teigrolle zerbröseln. Die Butter in einem Topf zerlassen und mit den Bröseln in einer Schüssel vermengen. Eine Springform mit Backpapier auslegen. Den Teig einfüllen und mit einem Löffel fest drücken. Im Kühlschrank 30 Minuten kalt stellen.

2. Die Gelatine 10 Minuten in kaltem Wasser einweichen. Für die Creme Frischkäse, 150 g Sahne, Zucker, Vanillezucker und Zitronensaft in einer Schüssel glatt rühren. Die Gelatine leicht ausdrücken und in einem Topf bei mittlerer Hitze unter ständigem Rühren auflösen. Anschließend mit einem Schneebesen zügig unter die Creme rühren und kühl stellen.

3. In der Zwischenzeit die Sauerkirschen abtropfen lassen. Den Saft für die Glasur aufbewahren – sollte die Menge nicht ausreichen, den Saft mit Wasser auf 250 ml auffüllen.

4. Die restliche Sahne steif schlagen und unter die fest werdende Frischkäsecreme heben. Die Früchte auf dem Biskuitboden verteilen. Die Frischkäsecreme darüber glatt streichen die Torte im Kühlschrank etwa 1 Stunde kalt stellen.

5. Für die Glasur die Gelatine 10 Minuten lang in kaltem Wasser einweichen, ausdrücken und in einem Topf mit Kirschlikör und Zucker bei schwacher Hitze unter auflösen. Die Mischung in den Sauerkirschsaft rühren. Die Glasur auskühlen lassen.

6. Sobald sie zu gelieren beginnt, die Glasur auf die Frischkäsecreme gießen und die Torte 1 Stunde in den Kühlschrank stellen.

TIPP:

Einfach mit anderen Früchten variieren und statt Sauerkirschen Aprikosen, Pfirsiche oder auch Ananas aus der Dose verwenden. Den Kirschlikör dann durch Aprikosenlikör oder Batida de Côco ersetzen. Wenn Kinder mitessen, einfach den Likör weglassen.

Zubereitungszeit: 35 Minuten / Kühlzeit: 2 1/2 Stunden

Italienische Mandorle-Tarte mit weißer Schokolade

SCHAUMIG & LOCKER

Zutaten für 1 Springformring (28 cm Ø)

Für den Boden:

250 g Biscotti di mandorle (italienisches Mandelgebäck)
100 g Butter

Für die Füllung:

350 g weiße Kuvertüre
150 g Butter
500 g Crème fraîche
250 g Magerquark
2 TL Vanillezucker

50 g weiße Kuvertüre, zum Dekorieren

1. Für den Boden die Biscotti in einen Plastikbeutel geben, fest verschließen und mithilfe einer Teigrolle zerbröseln. Die Butter in einem Topf zerlassen und mit den Bröseln in einer Schüssel vermengen. Den Springformring auf eine mit Backpapier ausgelegte Tortenplatte stellen. Die Biscotti-Masse in den Ring füllen und mit einem Löffel fest drücken. Den Tortenboden für 1 Stunde im Kühlschrank kalt stellen.

2. Für die Füllung die Kuvertüre in kleine Stücke schneiden und mit der Butter in einem Topf im Wasserbad unter ständigem Rühren schmelzen. Crème fraîche, Quark und Vanillezucker in einer Küchenmaschine zu einer glatten Creme rühren. Die lauwarme Schokolade-Butter-Masse langsam unterrühren, alles auf dem Biscottiboden verteilen und glatt streichen.

3. Die Torte mit Frischhaltefolie abdecken und 4 Stunden im Kühlschrank kalt stellen. Danach vorsichtig den Ring abnehmen. Die Kuvertüre raspeln und vor dem Servieren über die Torte streuen.

Zubereitungszeit: 30 Minuten / Kühlzeit: 5 Stunden

Käsesahnetorte mit Himbeeren

Zutaten für 1 Springform (26 cm Ø)

Für den Boden:
etwas Butter, zum Einfetten
2 Eier
80 g Zucker
70 g Mehl
70 g Speisestärke
1 TL Backpulver

Für die Füllung:
300 g Himbeeren, Tiefkühlware aufgetaut
6 Blatt Gelatine
750 g Magerquark
160 g Zucker
abgeriebene Schale und Saft von 1 Orange
500 g Sahne

Für den Belag:
200 g Sahne
1 Päckchen Sahnesteif
20 g Puderzucker
50 g Himbeeren
Schokosplitter, zum Dekorieren
frische Minzblättchen, zum Dekorieren

1. Den Backofen auf 180 °C vorheizen und eine Springform mit Butter einfetten.

2. Für den Boden die Eier in einem Topf im Wasserbad mit dem Zucker lauwarm aufschlagen und dann in einer Küchenmaschine schaumig schlagen. Mehl, Speisestärke und Backpulver vermischen und über die Eiermasse sieben. Alles zu einem glatten Teig verrühren.

3. Den Teig in die Form füllen und mit einer Winkelpalette glatt streichen. Im Backofen 20 Minuten backen.

4. Den Boden auskühlen lassen, aus der Form lösen und den Boden mittig mit einem langen Messer horizontal durchschneiden. Den unteren Boden wieder mit dem Springformring umschließen.

5. Die Gelatine 10 Minuten in kaltem Wasser einweichen. Für die Füllung die Himbeeren leicht antauen lassen. Quark, Zucker, Orangenschale und Orangensaft in einer Schüssel zu einer glatten Creme verrühren. Die Gelatine leicht ausdrücken, in einem Topf bei mittlerer Hitze unter ständigem Rühren auflösen, unter den Quark ziehen und die Creme kalt stellen.

6. Die Sahne steif schlagen. Sobald die Creme fest wird, Sahne und Himbeeren mit einem Teigschaber vorsichtig unterheben. Die Creme in die Form füllen und auf dem Boden verteilen. Den zweiten Biskuitboden mit der Schnittfläche nach oben darauflegen und leicht andrücken. Die Torte 3–4 Stunden im Kühlschrank kalt stellen.

7. Für den Belag die Sahne mit Sahnesteif und Puderzucker steif schlagen. Den Springformrand von der Torte abnehmen. Die Torte rundum mit der Sahne bestreichen. Mit den Himbeeren belegen. Mit Schokosplittern und Minzeblättern dekorieren.

Zubereitungszeit: 75 Minuten
Backzeit: 20 Minuten
Kühlzeit: 3–4 Stunden

Rotwein-Birnen-Törtchen mit Vanille-Quarkmousse

Zutaten für 1 Tortenring (16 cm Ø), ergibt 2 Törtchen

Für den Teig:
200 g Mehl, plus etwas mehr zum Bestäuben
120 g Butter
80 g Zucker
1 Ei

Für die Streusel:
50 g Mehl
40 g Butter
40 g Zucker
1 EL kaltes Wasser

Für die Creme:
3 Blatt Gelatine
200 g Frischkäse
150 g Joghurt
80 g Zucker
200 g Sahne

Für den Belag:
3 Birnen, Williams
150 ml kräftiger Rotwein
50 g Zucker
1 Zimtstange
Puderzucker, zum Bestäuben
Schokosplitter, zum Bestreuen

1. Für den Teig Mehl, Butter und Zucker in einer Schüssel vermengen und mit den Händen kräftig durchkneten. Das Ei hinzufügen und alles zu einem festen Teig kneten. In Frischhaltefolie wickeln und im Kühlschrank 30 Minuten kalt stellen.

2. Für die Streusel Mehl, Butter, Zucker und Wasser in einer Schüssel mit einem Handrührgerät zu kleinen Streuseln verarbeiten.

3. Den Backofen auf 160 °C Umluft vorheizen und zwei Backbleche mit Backpapier auslegen.

4. Den Teig auf einer bemehlten Arbeitsfläche ausrollen und mit dem Tortenring sechs Böden ausstechen. Die Böden auf die Backbleche legen und mit einer Gabel mehrfach einstechen. Die Streusel auf den Böden verteilen. Im Backofen 15–20 Minuten goldbraun backen. Die Böden abkühlen lassen.

5. Die Gelatine 10 Minuten in kaltem Wasser einweichen. Für die Creme Frischkäse, Joghurt und Zucker in einer Schüssel zu einer glatten Creme verrühren. Die Gelatine leicht ausdrücken und in einem kleinen Topf bei mittlerer Hitze unter ständigem Rühren auflösen. Unter die Creme ziehen und im Kühlschrank kalt stellen. Die Sahne steif schlagen. Sobald die Creme fest wird, die Sahne mit einem Teigschaber unterheben.

6. Für den Belag die Birnen schälen, entkernen und in 1 cm große Würfel schneiden. Den Rotwein mit Zucker und Zimtstange in einem Topf auf die Hälfte der Menge einkochen lassen. Die Birnenwürfel hinzufügen und 5 Minuten köcheln. Die Birnen durch ein Sieb gießen und abkühlen lassen.

7. Die Hälfte der Creme in einen Spritzbeutel mit Lochtülle (12 mm Ø) füllen. Zwei Tortenböden auf eine Tortenplatte legen. Die Creme in großen Tupfen auf die Tortenböden spritzen. Ein Drittel der Rotwein-Birnen darauf verteilen.

8. Jeweils einen zweiten Boden darauflegen und leicht andrücken. Die restliche Creme in den Spritzbeutel füllen und in großen Tupfen aufspritzen. Die beiden restlichen Tortenböden in kleine Stücke brechen und auf den beiden Törtchen verteilen. Die Törtchen mindestens 1 Stunde im Kühlschrank kalt stellen.

9. Die restlichen Rotwein-Birnen kurz vor dem Servieren auf den Törtchen dekorativ verteilen, mit Puderzucker bestäuben und mit Schokosplittern bestreuen.

Zubereitungszeit: 1 Stunde / Kühlzeit: 30 Minuten / Backzeit: 15–20 Minuten

Frischkäse-Müslicrunch-Torte

FÜRS BRUNCH-BUFFET

Zutaten für 1 Springform (26 cm Ø)

Für den Boden:

150 g Knuspermüsli mit Schokostücken
100 g Butter

Für die Füllung:

3 Blatt Gelatine
200 g Doppelrahm-Frischkäse
400 g Schlagsahne
70 g Zucker
1 TL Vanillezucker
1 EL Zitronensaft
150 g Blaubeeren
100 g Blaubeeren, zum Dekorieren
60 g Zartbitter Schokospäne, zum Bestreuen

1. Für den Boden das Knuspermüsli in einen Plastikbeutel geben, fest verschließen und mithilfe einer Teigrolle fein zerbröseln. Die Butter in einem Topf zerlassen und mit den Bröseln in einer Schüssel vermengen. Eine Springform mit Backpapier auslegen. Die Masse in die Form füllen und mit einem Löffel fest drücken. Den Tortenboden im Kühlschrank 30 Minuten kalt stellen.

2. Die Gelatine 10 Minuten in kaltem Wasser einweichen. Für die Füllung Frischkäse, 150 g Sahne, Zucker, Vanillezucker und Zitronensaft zu einer glatten Creme rühren. Die Gelatine leicht ausdrücken und in einem kleinen Topf bei mittlerer Hitze unter ständigem Rühren auflösen. Die aufgelöste Gelatine unter die Creme ziehen. Die Creme im Kühlschrank kalt stellen.

3. Die restliche Sahne steif schlagen. Sobald die Creme fest wird, Sahne und Blaubeeren mit einem Teigschaber vorsichtig unter die Creme heben.

4. Die Creme in die Form füllen, auf dem Boden verteilen und mit einer Winkelpalette glatt streichen. Die Torte etwa 1 Stunde im Kühlschrank kalt stellen.

5. Die Torte vor dem Servieren mit Blaubeeren und Schokospänen dekorieren.

Zubereitungszeit: 35 Minuten / Kühlzeit: 90 Minuten

Käsetorte mit Baiser und Johannisbeeren

Zutaten für 1 Springform (28 cm Ø)

Für den Teig:
300 g Mehl, plus etwas mehr zum Bestäuben
2 TL Backpulver
140 g Zucker
1 Prise Salz
140 g Butter, in kleinen Stücken, plus etwas mehr zum Einfetten
2 Eier

Für die Käsemasse:
3 Eigelb
1 Ei
100 g Zucker
1 EL Zitronensaft
300 ml Milch
500 g Magerquark
150 g Butter, zerlassen
1 Päckchen Vanille-Puddingpulver

Für das Baiser:
250 g Rote Johannisbeeren
3 Eiweiß
1 Prise Salz
50 g Zucker
Puderzucker zum Bestäuben

1. Mehl, Backpulver, Zucker, Salz, Butter und Eier erst mit den Knethaken des Handrührgerätes und dann kurz mit den Händen zu einem glatten Teig verkneten. Den Teig in Frischhaltefolie wickeln und 30 Minuten kalt stellen.

2. Den Backofen auf 170 °C vorheizen. Die Springform mit Butter einstreichen und den Teig mit bemehlten Händen gleichmäßig auf dem Boden verteilen.

3. Für die Käsemasse 3 Eigelb, 1 Ei, Zucker und Zitronensaft verrühren. Milch, Quark, zerlassene Butter und Puddingpulver nacheinander unterrühren.

4. Die Käsemasse auf den Teig gießen und verstreichen. Im Backofen etwa 30 Minuten backen.

5. Die Johannisbeeren waschen und abtropfen lassen. Die Beeren von den Rispen zupfen und beiseitestellen.

6. In der Zwischenzeit das Eiweiß mit einer Prise Salz halb steif schlagen. Nach und nach den Zucker einrieseln lassen. Weiterschlagen, bis sich der Zucker vollständig gelöst hat.

7. Den Eischnee auf den Kuchen streichen. Die Johannisbeeren darüber streuen und den Kuchen dann bei gleicher Temperatur etwa 15 Minuten weiterbacken. Auskühlen lassen und vor dem Servieren mit Puderzucker bestäuben.

Zubereitungszeit: 75 Minuten / Auskühlzeit: 2 Stunden / Backzeit: 45 Minuten

Aprikosen-Cheesecake

Zutaten für 1 Tortenform (30 cm x 40 cm)

Für den Boden:

250 g Butterkekse

100 g Butter

Für die Creme:

5 Blatt Gelatine

500 g Magerquark

250 g Crème fraîche

150 g Zucker

200 g Sahne

Für das Topping:

2 Blatt Gelatine

260 g Aprikosenhälften, aus der Dose

1. Für den Boden die Butterkekse in einen Plastikbeutel geben, fest verschließen und mithilfe einer Teigrolle zerbröseln. Die Butter in einem Topf zerlassen und mit den Bröseln in einer Schüssel vermengen. Die Tortenform auf ein mit Backpapier ausgelegtes Backblech stellen. Den Teig in die Form füllen, gleichmäßig verteilen und mit einem Löffel fest andrücken. Im Kühlschrank kalt stellen.

2. Die Gelatine 10 Minuten in kaltem Wasser einweichen. Für die Füllung Quark, Crème fraîche und Zucker in einer Schüssel zu einer glatten Creme verrühren. Die Gelatine ausdrücken und in einem Topf bei mittlerer Hitze unter ständigem Rühren auflösen. Die aufgelöste Gelatine unter die Creme ziehen und im Kühlschrank kalt stellen.

3. In der Zwischenzeit die Sahne steif schlagen. Sobald die Creme fest wird, die Sahne mit einem Teigschaber unterheben. Die Creme in die Form füllen, auf dem Boden verteilen und mit einer Winkelpalette glatt streichen. Den Kuchen mit Frischhaltefolie abdecken und 1 Stunde im Kühlschrank kalt stellen.

4. Die Gelatine 10 Minuten in kaltem Wasser einweichen. Für das Topping die Aprikosen in einem Sieb abtropfen lassen. Die Hälfte der Aprikosen mit einem Stabmixer fein pürieren. Die restlichen Aprikosenhälften in 1 cm große Stücke schneiden. Die Gelatine leicht ausdrücken und in einem Topf bei mittlerer Hitze unter ständigem Rühren auflösen. Die aufgelöste Gelatine unter das Aprikosenpüree ziehen und die Aprikosenwürfel hinzufügen. Das Topping abkühlen lassen und über den Kuchen gießen.

5. Den Kuchen von dem Servieren etwa 3 Stunden im Kühlschrank kalt stellen.

TIPP:

Zum Dekorieren eignen sich am besten ungeschälte Mandeln und ein paar frische Minzeblätter.

Zubereitungszeit: 40 Minuten / Kühlzeit: 4 Stunden

Mohn-Käsekuchen

KLASSIKER

Zutaten für 1 Springform (28 cm Ø)

Für den Teig:

150 g Butter, plus etwas mehr zum Einfetten
200 g Mehl
100 g Zucker
1 TL Vanillezucker

Für die Füllung:

400 g Doppelrahm-Frischkäse
250 g Magerquark
100 g Zucker
1 TL Vanillezucker
1 Päckchen Vanille-Puddingpulver
2 Eigelb
2 Eier

Für den Mohnbelag:

400 ml Milch
30 g Speisestärke
40 g Zucker
250 g backfertige Mohnfüllung
2 EL Pflaumenmus
1 Ei

1. Den Backofen auf 180 °C vorheizen und eine Springform mit Butter einfetten.

2. Für den Teig Mehl, Zucker und Vanillezucker in einer Schüssel vermischen. Die Butter in kleine Stücke schneiden, hinzufügen und alles mit den Händen zügig zu Streuseln verarbeiten.

3. Die Hälfte der Streusel in die Form füllen und mit einem Löffel festdrücken. Die übrigen Streusel beiseitestellen. Den Boden im Backofen etwa 15 Minuten backen und anschließend abkühlen lassen.

4. Den Backofen auf 175 °C herunterregeln.

5. Für die Füllung Frischkäse, Quark, Zucker, Vanillezucker und Puddingpulver in einer Schüssel zu einer glatt Creme verrühren. Eigelb und Eier unter die Creme rühren. Die Creme in die Form füllen, auf dem Boden verteilen und mit einer Winkelpalette glatt streichen. Im Kühlschrank kalt stellen.

6. Für den Mohnbelag von der Milch 3 Esslöffel abnehmen und die Speisestärke darin anrühren. Die restliche Milch mit dem Zucker aufkochen. In eine Schüssel gießen, Mohnmasse und Pflaumenmus zufügen und verrühren. Die aufgelöste Speisestärke unterrühren und abbinden. Die Schüssel mit Frischhaltefolie abdecken und abkühlen lassen.

7. Das Ei in einer Küchenmaschine auf höchster Stufe hell und schaumig schlagen und unter die abgekühlte Mohnmasse mischen. Die Mohnmasse auf der Cremefüllung verteilen und mit den restlichen Streuseln bestreuen.

8. Den Kuchen im Backofen etwa 65 Minuten backen. Abkühlen lassen und vor dem Servieren aus der Form lösen.

Zubereitungszeit: 45 Minuten / Backzeit: 75–80 Minuten

Sauerkirschkäsetorte

FÜR FAMILIEN-FESTE

Zutaten für 1 Springform (28 cm Ø)

Für den Teig:

- 250 g Mehl, plus etwas mehr zum Bestäuben
- 1 Msp. Backpulver
- 1 Prise Salz
- 90 g Zucker
- 1 Msp. Zimt
- 120 g Butter, plus etwas mehr zum Einfetten
- 1 Ei

Für die Füllung:

- 750 g Magerquark
- 2 EL Zitronensaft
- 2 Päckchen Vanille-Puddingpulver
- 3 Eier
- 120 g Zucker
- 2 TL Vanillezucker

Für den Belag:

- 350 g Sauerkirschen aus dem Glas, abgetropft
- Puderzucker, zum Bestäuben

1. Für den Teig Mehl, Backpulver, Salz, Zucker und Zimt in einer Schüssel vermischen. Die Butter klein schneiden, hinzufügen und alles mit den Händen zu einem bröseligen Teig vermengen. Das Ei hinzufügen und alles zügig zu einem festen Teig verkneten. Den Teig in Frischhaltefolie wickeln und 30 Minuten im Kühlschrank ruhen lassen.

2. Den Backofen auf 170 °C vorheizen und eine Springform mit Butter einfetten.

3. Den Teig auf einer bemehlten Arbeitsfläche ausrollen, in die Form legen und mehrmals mit einer Gabel einstechen. Im Backofen etwa 20 Minuten hell backen und abkühlen lassen.

4. Für die Füllung Quark, Zitronensaft und Puddingpulver in einer Schüssel zu einer glatten Creme rühren. Eier, Zucker und Vanillezucker schaumig schlagen und unter die Quarkcreme rühren.

5. Die Creme in die Form füllen und auf dem Boden glatt streichen. Den Kuchen mit den abgetropften Sauerkirschen belegen und im Backofen weitere 50 Minuten backen. Abkühlen lassen und vor dem Servieren mit Puderzucker bestreuen.

Zubereitungszeit: 45 Minuten / Backzeit: 70 Minuten / Kühlzeit: 30 Minuten

Käsekuchen mit Äpfeln und Rosinen

SCHMECKT NACH MEHR

Zutaten für 1 Springform (28 cm Ø)

Für den Teig:
250 g Mehl
1 Msp. Backpulver
1 Prise Salz
75 g Zucker
1 TL Vanillezucker
140 g Butter, plus etwas mehr zum Einfetten
1 Ei
20 ml Rum

Für die Füllung:
750 g Magerquark
2 EL Zitronensaft
1 Päckchen Vanille-Puddingpulver
20 g Speisestärke
3 Eier
100 g Zucker
1 TL Vanillezucker

Für den Belag:
40 g Rosinen
100 ml schwarzer Tee
5 mittelgroße Äpfel, Boskop

Hagelzucker, zum Bestreuen

1. Für den Belag vorab die Rosinen mit dem schwarzen Tee übergießen und 1 Stunde einweichen lassen.

2. Für den Teig Mehl, Backpulver, Salz, Zucker und Vanillezucker in einer Schüssel vermischen. Die Butter klein schneiden, hinzufügen und alles mit den Händen zu einem bröseligen Teig vermengen. Ei und Rum dazugeben und alles zügig zu einem festen Teig verkneten. In Frischhaltefolie wickeln und im Kühlschrank 30 Minuten ruhen lassen.

3. Den Backofen auf 170 °C vorheizen und eine Springform mit Butter einfetten.

4. Den Teig auf einer bemehlten Arbeitsfläche in der Größe der Form ausrollen, in die Form legen und mehrmals mit einer Gabel einstechen. Im Backofen etwa 20 Minuten hell backen und abkühlen lassen.

5. Für die Füllung Quark, Zitronensaft, Puddingpulver und Speisestärke in einer Schüssel zu einer glatten Creme verrühren. Eier, Zucker und Vanillezucker schaumig schlagen. Die Eiermasse unter die Quarkcreme rühren.

6. Die eingeweichten Rosinen in ein Sieb gießen und abtropfen lassen. Die Äpfel schälen, vierteln und von den Kerngehäusen befreien. Jedes Viertel auf der Außenseite mit einem Messer kreuzweise 4–5 mal 5 mm tief einschneiden.

7. Die Creme in die Form füllen und auf dem Boden mit einer Winkelpalette glatt streichen. Den Kuchen mit den Apfelvierteln belegen und die Rosinen darüber verteilen. Den Kuchen im Backofen weitere 50 Minuten backen und danach auskühlen lassen. Vor dem Servieren mit Hagelzucker bestreuen.

Zubereitungszeit: 1 Stunde / Backzeit: 70 Minuten / Kühlzeit: 30 Minuten

Glossar

Backen

Ob Biskuitboden, Hefegebäck oder Mürbeteig – jeder Teig braucht eine andere Backtemperatur. Während Keksteig bei 160 °C gebacken wird, braucht Hefeteig etwa 170 °C. Mürbeteig benötigt 180 °C, und Biskuitteig gelingt bei 200 °C. Die Angaben sind Richtwerte. Sie gelten für Backöfen mit Unter- und Oberhitze und können je nach Teigvariation etwas abweichen. Umluft erhöht die Backtemperatur und ist nicht für jeden Teig geeignet. Ideale Höhe im Backofen ist in der Regel die mittlere Einschubschiene. Soufflés brauchen mehr Unterhitze und gelingen deshalb auf unterer Einschubhöhe am besten.

Backformen vorbereiten

Wird die Backform vor dem Einfüllen des Teigs mit etwas Butter eingefettet, lässt sich der fertige Kuchen leichter aus der Form lösen. Bei besonders

feinen Teigen wird die eingefettete Form zusätzlich mit etwas Mehl oder Semmelbröseln ausgeschwenkt. Dazu die Form so lange rütteln bis die gesamte Innenfläche fein überzogen ist. Den Überschuss einfach aus der Form schütteln. Bei gehaltvolleren Teigen sollte die Form mit Backpapier ausgekleidet werden. Bei Springformen empfiehlt es sich, das Bodenblech damit auszulegen, mit dem Ring einzuspannen und die Ringinnenfläche mit Butter einzufetten.

Backpapier

Das beschichtete Papier hat eine fettundurchlässige Oberfläche, trotzt Ofentemperaturen bis 220 °C ohne anzubrennen und verhindert, dass der fertige Kuchen in der Form oder auf dem Backblech kleben bleibt. Backpapier ist als Rolle zum Zuschneiden oder in Einzelbögen erhältlich.

Backpinsel

Zum gleichmäßigen Einfetten von Backformen oder Bestreichen von Teigen, Kuchen oder Gebäck mit

Kuvertüre oder Gelee sind Backpinsel unersetzlich. Man bekommt sie in verschiedenen Größen, aus Silikon oder mit Borsten. Empfehlenswert sind solche mit langen, weichen Naturborsten: Man kann damit besonders sauber und effektiv arbeiten, weil sie – anders als Silikon-Pinsel – keine Rillen entstehen lassen.

Gelatine

Das geschmacksneutrale Bindemittel lässt Cremetorten oder Gelee fest werden. Blattgelatine zu-

nächst 10 Minuten in kaltem Wasser einweichen, dann etwas ausdrücken und in einem Topf bei mittlerer Hitze unter ständigem Rühren auflösen. Nicht kochen lassen, sonst geht die gelierende Wirkung verloren. Ein paar Esslöffel der zu gelierenden Masse einrühren, dann diese Mischung unter die restliche Masse rühren – so entstehen keine Klümpchen.

Handrührgerät

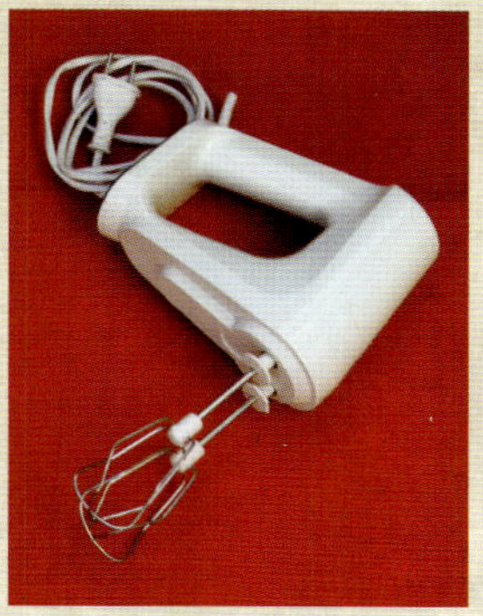

Küchenprofis schlagen Eiweiß oder Sahne mit einem Schneebesen auf, weil auf diese Weise mehr Luft eingearbeitet wird. Hobbybäcker nehmen dafür ein elektrisches Handrührgerät mit Rührbesen zur Hilfe. Beim Kneten fester Teige kommen die Knethaken zum Einsatz.

Küchenmaschine

Besonders bei schweren und gehaltvollen Teigen leisten Küchenmaschinen unschätzbare Dienste. Teige, die gut durchgearbeitet oder deren Zutaten gleichmäßig verteilt werden müssen, gelingen ohne große Mühe. Auch Eischnee, der besonders luftig werden soll, gelingt im Handumdrehen.

Paletten / Winkelpaletten

Sie sind ein nützliches Küchenwerkzeug, um Teige

und Cremes glatt zu streichen. Dafür sind Paletten aus Stahl mit langem, glattem und biegsamem Blatt die erste Wahl. Sie sind auch beim Vermengen aller Zutaten zu einem Mürbeteig, beim Ablösen von ausgerolltem Teig auf der Arbeitsfläche und beim Lösen von fertigen Tortenböden vom Backblech sehr hilfreich.

Schlagschüssel

Sie hat einen gewölbten Boden und einen Stellring, der beim Arbeiten für den nötigen Halt sorgt. Darin lassen sich Baisermassen, Sahne oder Cremes problemlos aufschlagen. Profis halten dabei die Schüssel leicht schräg. Übrigens eignet sie sich auch als Einsatz für ein heißes Wasserbad, um Cremes luftig aufzuschlagen.

Schneebesen

Sie gehören zur Basis-Ausstattung: Schneebesen mit dünnen, elastischen Drähten in Tropfenform und dünnem Stiel sind ideal zum Aufschlagen von Sahne

oder zum Verrühren leichter Flüssigkeiten. Schneebesen mit mittelstarken langen Edelstahlschlingen und dickem Stiel eignen sich besonders gut zum Verrühren halbfester Quark- oder Frischkäsecreme und zum Unterheben von Mehlmischungen und kleineren Zutaten wie Nüssen unter cremige Massen. Ballonbesen nimmt man für besonders schaumige, volumenreiche Massen wie Baiser.

Springform

Ihr besonderes Merkmal ist der gerade, abnehmbare Ring.

Auf diese Weise muss der fertige Kuchen nicht gestürzt werden. Sie ist ideal für Kuchen, die aus einem Tortenboden und einer Cremefüllung mit und ohne Belag bestehen. Es gibt sie in verschiedenen Größen von 18–32 cm Durchmesser. Die gebräuchlichsten Größen sind 26 cm und 28 cm.

Soufflé

Sie sind die himmlisch-luftige Krönung eines besonderen Menüs: zarte, mit Eischnee aufgelockerte

Aufläufe – süß oder pikant. Ein Soufflé gelingt perfekt, wenn es während des Backens über den Formrand wächst und sein Volumen verdoppelt. Dafür auf die richtige Konsistenz der Grundmischung achten: Sie ist dann ideal, wenn sie leicht vom Löffel fällt. Außerdem den Eischnee richtig steif schlagen und sorgsam unterheben, damit Volumen und Luftigkeit nicht verloren gehen.

Spritzbeutel

Profis, aber auch immer mehr Hobbyköche, schwören

auf Spritzbeutel aus beschichtetem Baumwollgewebe, die sich auskochen lassen. Dazu gibt es auswechselbare Loch- und Sterntüllen aus Metall in diversen Größen. Die Spritzbeutel liegen gut in der Hand und eignen sich perfekt, um flüssige Teige oder feine Glasuren zu verarbeiten.

Tarteform

Französische Tarteformen haben einen gewellten

oder glatten, geraden oder schrägen Rand, der 3–5 cm hoch ist. Es gibt sie in verschiedenen Größen und Formen aus feuerfestem Porzellan oder aus Blech – mit und ohne Beschichtung. Unbeschichtete Formen am besten mit etwas Butter einfetten und mit Mehl bestäuben

Tarteletteförmchen

Tartelettes sind kleine Törtchenböden aus Mürbeteig, die süß oder pikant gefüllt werden. Die Förmchen gibt es in verschiedenen Größen, einzeln und im Set zu kaufen. Empfehlenswert sind solche aus Schwarzblech oder mit Antihaftbeschichtung.

Teigschaber

Ein praktischer Küchenhelfer: Dank des biegsamen Blatts aus Kunststoff oder Gummi lässt sich auch der letzte Teig- oder Cremerest aus der Schüssel holen. Auch das Unterheben von Sahne oder Eischnee ist damit leicht gemacht.

Tortenring

Anders als eine Springform hat ein Tortenring keinen Boden, ist etwas höher und meist aus Edelstahl. Tortenringe werden zum Einsetzen von Torten verwendet, die aus mehreren Schichten bestehen. Sie sind in verschiedenen Größen, runden und eckigen Formen erhältlich. Besonders praktisch sind stufenlos verstellbare Ausführungen.

Unterheben

Steifer Eischnee oder geschlagene Sahne machen einen Teig oder eine Creme locker und luftig. Damit der Effekt beim Vermischen der beiden Massen nicht verloren geht, empfiehlt es sich, mit einem Kochlöffel oder Teigschaber die beiden Massen portionsweise unterzuheben, bis sie vermengt sind – ohne dabei zu rühren!

Wattieren

Soufflé- und Auflaufförmchen werden vor dem Befüllen mit etwas Butter eingefettet und mit etwas Zucker ausgestreut, damit sich die fertigen Törtchen leichter aus der Form lösen lassen. Den überschüssigen Zucker einfach aus der Form schütteln.

Windbeutel

In Frankreich heißen die himmlisch luftigen Gebäckstücke „Profiteroles“. Sie werden aus ungesüßtem Brandteig gebacken, sind innen hohl und werden je nach Rezept mal süß, mal pikant gefüllt. Damit sie im Backofen schön aufgehen, ist Wasserdampf ein ideales Triebmittel. Dafür nach dem Einschieben des Backblechs eine kleine Mokkatasse voll Wasser auf den heißen Ofenboden gießen und die Tür sofort schließen.

Zestenreißer

Mit diesem kleinen Küchenwerkzeug, dessen „Klinge“ vorne mit scharfkantigen Löchern versehen ist, lassen sich im Handumdrehen hauchdünne feine Streifen aus der äußeren Schale von Zitronen und Orangen schälen – ohne in die bitterstoffhaltige, weiße Unterschale zu schneiden. Diese Zesten geben Backwaren ein feines Aroma. Dafür immer unbehandelte Früchte verwenden, die nach der Ernte nicht mehr konserviert oder gewachst wurden.